天童なこの調教ハンター論

てんなこってどんなこ!!

はじめに

競馬との出会いは
あまりに突然でした。

そして、ちょっと嫌でした。

私が小学6年の頃、2つ上の兄がいきなり「将来は騎手になりたい。競馬学校へ行かせてくれ」と両親に告げたのです。競馬とは縁もゆかりもない家だったのでみんな、ポカーン。

最初は反対していた両親でしたが、兄の懸命な説得と減量、勉強に励む姿を見て次第に応援をするように。

それでも、私は嫌でした。

兄は身長が低いわけでもなく体格もどちらかというとがっち

りしていたので一定のところまでは体重を落とせても、55キロからは何をやってもなかなか落ちません。毎日、ところてんだけを食べてガリガリになっていく兄を見てるのが辛かったんです。

そんな私の心を180度変えたのは、日本近代競馬の結晶とまで評された名馬「ディープインパクト」でした。

2005年、3冠馬となった菊花賞。レースは毎週のように兄に観させられていましたが、テレビから伝わる「絶対」という強さと競馬ファンの熱い熱い歓声に完全に心を掴まれました。

その後は簡単。好きなものにトコトンのめり込むのは大の得意で、今は『調教』という視点にたどりつき競馬を楽しんでいます。

現在、兄は競馬とは違う道に進みましたが、その意志を継ぎ競馬に携われること、その想いをみなさんに伝えられることを幸せに思います。

CONTENTS

天童なこの調教ハンター論
てんなこってどんなこ!!

企画構成／中山靖大
撮影／榎本壮三・桂伸也・増本雅人
ヘアメイク／岸万美花
取材協力／ＪＲＡ・乗馬クラブクレイン東京
写真／フォトチェスナット
馬柱／優馬・勝馬
デザイン／スパロウ・戸澤徹

PART 01

はじめまして！
天童なこ、です

競馬でなら、勝てる！

――あなたにとって競馬の一番の魅力って何ですか？

「的中した時のあの快感がたまらない！」「サラブレッドがカッコいい！」などなど、たくさんの声が聞こえてきそうですね。

私にとって競馬の一番の魅力は『勝負ができる』ってこと。14年競馬ファンをしていると、その時々で楽しみ方は変わりますが、根本から湧き上がってくる気持ちはいつだってコレ。

もともとお兄ちゃん子で、マラソン大会でも体力測定でも「絶対お兄ちゃんに負けたくない！」と男の子相手でも張り合って育ちました。そのためならどんなきついトレーニングも欠かさない。生粋の負けず嫌いですね(まぁ完敗、完敗でしたが…)。「勝負に勝つためにはどうすればいいか」を考えることが、自然と大好きな子になっていました。

そんな私を少しだけ知ってもらうべく、学生時代のエピソー

栗東トレーニングセンターのコース。毎日ハードな調教を積む馬はまさにアスリート。とても神聖な場所です。

ドを紹介します。それは勉強に夢中になった話。中学では学年でちょうど真ん中くらいの平凡な成績だったのですが、高校に進学すると最初のテストで15位と、上位にいると分かりました。ニヤリ、ここならイケる…と学年1位を取ると決め行動に移します。まず1位の子を探し出して、何時間どういう勉強をしたのかを探り出し、私はそれ以上、それ以上と励みました。お陰で次のテストから毎回トップの子と勝ち負けできる成績をゲット。結果的にオール5という成績も付いてきて、東京の有名大学へ推薦で入学することができたのです。

詳しくは後程ご説明しますが、私がやっている競馬の調教予想も、何度も挫折を乗り越えなんとかたどり着いた場所。グリーンチャンネルの馬券ダービーや『うまンｃｈｕ♡』の馬券女王コンテストで優勝したことで、自然と道が開けていきました。

今では公式ブログは月間で１５０万ものアクセスをいただき、アメーバブログの部門1位を獲得できるタレントになれました。だからこそ、分かるんです。

調教の前の準備運動や調教後のクールダウンをする場所。ここではまだ調教助手さんや騎手の方々の会話も飛び交い明るい雰囲気♪

私は競馬でなら、勝てる!!　始めた当初は不安だったけど、今では確信しています。だから負けた時は悔しくて悔しくてたまらない。だけど何度でも立ち上がれるんです。

私が考える競馬で勝つというのは「年間でプラス収支になる」ということ。最初は自分が勝つためには、どの予想法がベストなのかをひたすら試しました。血統予想もレースの上がりタイムを追いかけることもしましたが、どれも私にはしっくり来ず。そして、ひと通り試し、これだ！　とピッタリきたのが調教による予想だったんです。元々理系女子。追い切りの時計を理解するのに時間はかからなかったように思います。

「他の馬よりこの馬速いじゃん！」

そんなノリでも最初はそれなりに結果が出ました。だけど毎週毎週そのレベルで予想をしていると、当然ハズれることが多くなってきます。

普段、馬券を買い続けていると、なかなか気づけませんが、ハズレることと負けることは全く違います。当てることに拘らず、勝つための予想を作るには…ハズレたときも、自分が納得できる理由を探すことにしたんです。

調教予想は毎回違う予想にたどり着く

そうやってきっちりと反省できることが、私には本当に向いていました。例えば血統予想は、その馬の基礎的な能力を分析することなので、得意コース、苦手コースが分かっても、同じ予想になりやすいのですが、調教は状態を表す指標なので、毎回分析するたびに違う予想にたどり着くことができます。

少し話は逸れますが、私は感情の波が大きいタイプ。調子が良いときはグイグイ攻められるけど、気持ちが乗らないとドン底まで落ちて動けないほど。それを競馬に置き換えたときに、『気持ち（体調）の乗っているかいないかは、基礎能力さえも超える』と思ったんです。本当に体調が悪い時、気分が乗っていないときは名馬でも負ける。これが根底にあるので、思い切った穴馬を買いやすいですよね。

体調が悪いと思ったら、どんなに人気を集める馬でも無印にできる。それが調教予想の良いところだと思います。

しかし、一般的には調教の予想は難しいとされています。私はむしろ見やすいとすら思うのですが、専門誌に掲載されている追い切り時計を見ただけで、調教を考えることを放棄する人もいるとのこと…。なので、できる限りここでは簡単な調教の見方について、説明していきます☆

時計をうのみにして良いのは坂路のみ！

私のとった作戦なのですが、まずは1つのコースを掘り下げることがオススメです。本当に簡単にいうと、

- **坂路コースはスピード強化**
- **ウッドコースはスタミナ強化**
- **ポリトラックは調整程度で、脚への負担も少ない**

さすが栗東の坂路は歩くだけでも汗が出るほどの勾配(汗)。この坂で11秒台や加速ラップを踏むなんて……。自分がと想像するだけで目まいが。

・芝コースは強めにやると疲労が起こりやすく、坂路やウッドコースが荒れているときに代用するか、軽めの調整に利用。

こんな風に調教場所は分けられます。その中でも、私が最初に注目したのは、『時計は坂路コースしか信用できない』ってことでした。

実は、時計を自動計測しているのは坂路コースだけ。コースではトラックマンさんたちが双眼鏡とストップウォッチを持って計測されています。

「人の手を使っているからといってもトラックマンもプロ。そんなに大きく間違った時計が新聞に載るわけない」

もちろん、私もその通りだと思います。だけど、そもそも調教予想にハマった理由の1つに、〝数字は嘘をつかない〟というものがあります。人のコメントや印に流されないために、調教という確かなモノにこだわったので、各誌によって時計が異なるものに頼るのは、納得がいかなかったんです(あくまで予想を始めた最初の頃の話ですが…)。人より数字を信じる。自分で書いていても、なかなか面倒くさい女ですね(笑)。

そして坂路といえば、スピード調教なので短距離の方が、結果が出やすい。しかも、調教の舞台と同じように直線に坂のあるコース。関西だったら阪神。関東だったら中山が直結しやすい。これに1ハロン毎のタイムが段々と速くなっている〝加速ラップ〟に着目できれば、自然と結果は出るはずですし、私はそれで最初の自信を得ることが出来ました。

坂路と加速ラップで完璧的中！

ここで簡単に自慢話…じゃなかった。これを証明する的中実績について少し紹介させてください。それは18年の朝日杯FS。その前の週の土曜日に行なわれた中日新聞杯で◎ショウナンバッハ(12番人気2着)、翌日の阪神JFで◎ダノンファンタジーが1着と、私が絶好調だったこともあるのですが、このレースでは◎アドマイヤマーズ、○クリノガウディーと完璧な的中で

基本は穴党ですが、やはり本命馬が１着に来る快感は格別☆　どんなに人気になろうとも本命を打たざるを得なかったマーズに感謝!!

した。○が9番人気だったこともあり、馬単142・4倍と高配当だったのですが、その予想の根拠が、坂路と加速ラップ。この2つを知っているだけで、この万馬券は簡単に獲ることが出来たのです。

このときのブログでは、勝ち馬アドマイヤマーズについてこう分析しています。

『しっかり併用調教で負荷をかけてきたアドマイヤマーズから!!　1週前がとにかく抜群!!　CWで遅れはしたものの、重心の低い走りでムチ一杯に応え鋭い末脚!!　しまい重視とはいえラスト11・4秒とスピード感溢れる動き。

一週前びっしり最終軽めの調整が多い友道厩舎ですが、今の好調を示す通り最終も栗東坂路でしっかり追われ、時計のかかる時間帯にも関わらず52・9―12・6と好時計で力強く坂路を駆け上がりました。

一週前にはスピード感、最終ではパワフルさを見せ、まさに鬼に金棒🔥状態は万全☆』(ブログより)

④ ↗ アドマイヤ(前)	栗CW良		70.3	54.0	39.1	12.1	⑤G強先着
⑥〔順　調〕助手29日	栗坂良	(1回)	56.7	42.7	28.2	14.1	馬なり
〔順　調〕助手 2日	栗坂良	(1回)	58.8	43.0	27.7	13.0	馬なり
〔順　調〕Mデムーロ 6日	栗CW良	⑥84.7	68.3	52.9	38.3	11.7	⑧直追遅れ
(内3才OPアンコールプリュG前強目に1/2馬身遅れ 中2才500万ヘリオス一杯に追に1 1/2馬身先着)							
〔順　調〕助手 9日	栗坂良	(1回)	56.5	41.8	27.8	14.1	馬なり
〔好調子〕助手12日	栗坂稍	(1回)	52.9	38.8	25.1	12.6	一杯先着
(6才1600万ジュンスパーヒカル一杯に追に1秒先着)							
◎…前走時より力強さ増し上昇示す　気配…8 動き…9							

			1000米	800米	600米	200米	コース脚色
❶ ⇥ クリノガウ(前)	栗坂良	(1回)	51.9	37.7	24.4	12.1	G前追う
〔順　調〕森裕30日	栗坂良	(1回)	56.2	39.7	25.2	12.1	馬なり
〔順　調〕藤岡佑 5日	栗坂良	(1回)	53.4	39.1	25.2	12.3	馬なり
〔順　調〕藤岡佑12日	栗坂稍	(1回)	51.6	37.7	24.5	12.2	一杯に追
△…前走後もいたって順調で変わりなし　気配…7 動き…8							

❷ ⇥ グランアレ(前)	南W重			54.8	40.3	13.4	⑨馬なり
②〔順　調〕杉原 2日	南P良		70.2	54.2	39.8	13.2	⑤馬也先着
〔順　調〕助手 5日	南P良		69.1	53.8	39.5	12.9	⑧馬也遅れ
〔順　調〕助手 9日	美坂良	(1回)	57.4	41.7	27.3	13.5	馬なり
〔好気配〕ルメール12日	南W重		69.6	53.8	40.8	13.7	⑥馬也先着
(7才1600万トレクァルティスタ馬なりの内1馬身先着)							
○…十分に乗り込まれ動きも鋭い。好仕上がり　気配…8 動き…8							

18年12月16日　朝日杯FS
１着⑥アドマイヤマーズ、
２着①クリノガウディ
３着②グランアレグリア
単勝⑥460円
複勝⑥130円
①490円
②110円
馬連①⑥9710円
ワイド①⑥1560円
②⑥180円
①②1080円
３連複①②⑥3340円
３連単⑥→①→②4万180円

見直しても、ヤバいくらいに絶賛していますね。自分が調子に乗っているのがよく分かります(笑)。でも、それくらいこの時のアドマイヤマーズは見た目的にも数字的にも抜群の動きを示していました。それと同時に圧倒的な一番人気のグランアレグリアが、今までと調教パターンを変えてきて、ポリトラックにしたことで、ますます◎への自信を深めたのもありました。

そして人気薄、クリノガウディーは〝栗東坂路＋加速ラップ〟が来る阪神マイルの黄金調教。直前栗東坂路で37・7―24・5―12・2と見事な加速ラップを記録しており、４F51・6で自己ベストのおまけ付。同馬は新馬戦でも本命にして快勝(６番人気、単勝26・5倍)しており、調教とレースが直結するタイプと分かっていたため、人気はないけどかなり自信は持っていました。

ちなみにグランアレグリアは、皆さんご存知のように次走桜花賞で驚異的なレコードで圧勝。そのときは、朝日杯FSのときと違って、最終追い切りをしっかり南Wに戻していました。どんな人気を集める馬でも負けるのを見極められると前ページ

競馬場予想ステージ後も次のお仕事へ向かうため、レースは新幹線の中でこっそり。大きい声で叫びたい気持ちを押し殺すのがしんどかったー（笑）。

で書きましたけど、現実にあれだけ強いグランアレグリアが負けるサインを出すのが調教。過剰人気の馬に、引っかからないというメリットも調教予想にはあるんです。

好調時をつかむパターンの調教予想もある

阪神マイルの予想をするときは坂路組を狙え！　これはコースから狙いを定めるパターン。例えば今年の桜花賞でいうと『14年から18年の5年間で馬券圏内に入った15頭のうち、9頭が栗東坂路組で、そのうち6頭が加速ラップを踏んでいた』というところから予想をスタート（結果2年連続関東馬という結果に…）。もう1つは、個々の馬の特徴を覚えて好調時をつかむパターンの2種類あります。

競走馬は何千頭もいますが、それぞれ人と同じようにやはり個性があり、大きな枠としてレースの性質から適性の高い調教パターンを見つけて予想することはできますが、すべての馬に

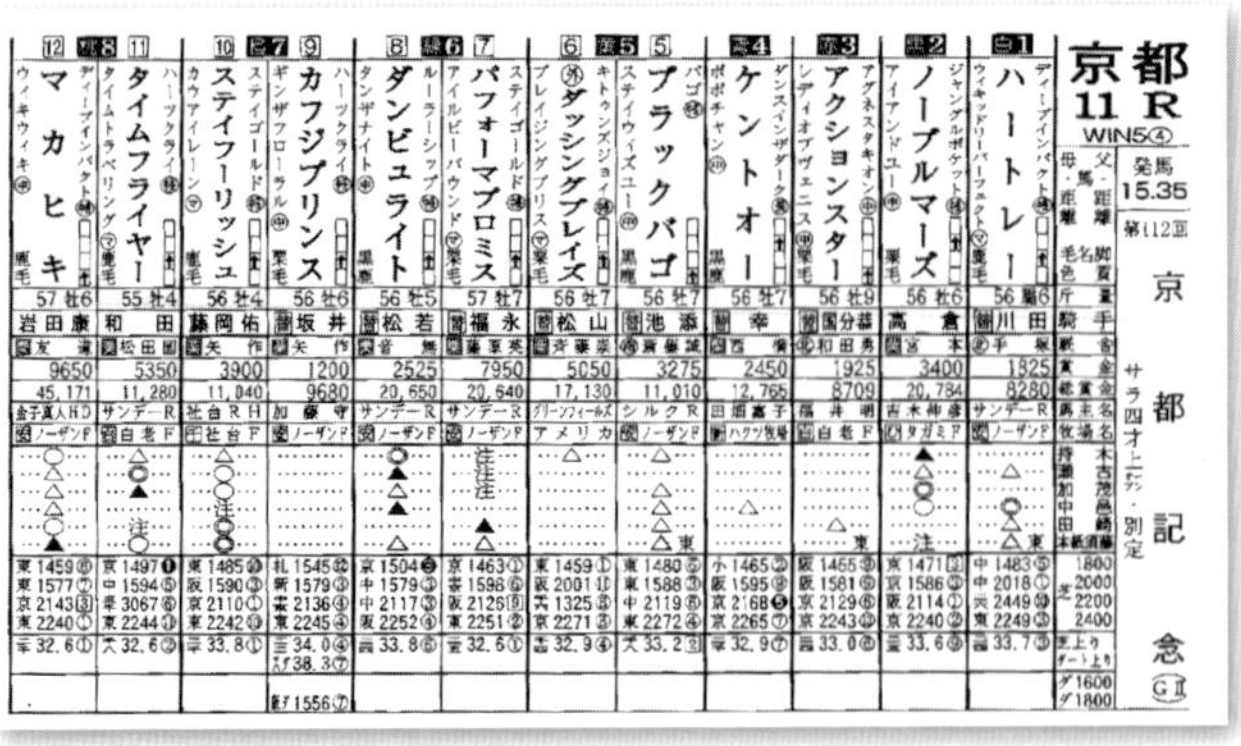

京都 11R WIN5④ 発馬 15.35 第112回 京都記念 GⅡ サラ四才上オープン・別定

枠番	馬番	馬名	父	母	斤量	騎手	厩舎	賞金	総賞金	馬主名	牧場名	予想印	持ちタイム	芝上り
1	1	ハートレー	ディープインパクト	ウィキッドリーパーフェクト	56 騸6	川田	手塚	1825	8280	サンデーR	ノーザンF	△◎△△東	中1483⑤ 中2018① 東2449⑩ 東2249③	33.7③
2	2	ノーブルマーズ	ジャングルポケット	アイアンドユー	56 牡6	高倉	宮本	3400	20,784	吉木伸彦	タガミF	▲△◎○注	東1471③ 京1586③ 阪2114① 京2240②	33.6⑨
3	3	アクションスター	アグネスタキオン	レディオブヴェニス	56 牡9	国分恭	和田勇	1925	8709	福井明	白老F	△東	阪1465③ 阪1581⑤ 京2129⑥ 京2243⑩	33.0⑫
4	4	ケントオー	ダンスインザダーク	ポポチャン	56 牡7	幸	西橋	2450	12,765	田畑富子	ハクツ牧場	△	小1465② 阪1595⑫ 京2168❸ 京2265⑦	32.9⑦
5	5	ブラックバゴ	バゴ	スティーウィズユー	56 牡7	池添	斎藤誠	3275	11,010	シルクR	ノーザンF	△△△△△東	東1480⑤ 東1588③ 中2119⑮ 東2272④	33.2⑬
5	6	(外)ダッシングブレイズ	キトゥンズジョイ	ブレイジングブリス	56 牡7	松山	斉藤崇	5050	17,130	グリーンフィールズ	アメリカ	△	東1459① 阪2001⑪ 芸1325③ 京2271③	32.9④
6	7	パフォーマプロミス	ステイゴールド	アイルビーバウンド	57 牡7	福永	藤原英	7950	20,640	サンデーR	ノーザンF	注注注▲△	京1463① 芸1598⑥ 阪2126⑪ 東2251②	32.6①
6	8	ダンビュライト	ルーラーシップ	タンザナイト	56 牡5	松若	音無	2525	20,650	サンデーR	ノーザンF	◎▲△▲△	京1504❸ 中1579③ 中2117③ 阪2252④	33.8⑥
7	9	カフジプリンス	ハーツクライ	ギンザフローラル	56 牡6	坂井	矢作	1200	9680	加藤守	ノーザンF		札1545⑫ 新1579③ 芸2136④ 東2245④	34.0④ ダ38.3⑦ ダ1556⑦
7	10	ステイフーリッシュ	ステイゴールド	カウアイレーン	56 牡4	藤岡佑	矢作	3900	11,040	社台RH	社台F	△○○注◎◎	東1485⑩ 阪1590③ 京2110① 東2242⑩	33.8①
8	11	タイムフライヤー	ハーツクライ	タイムトラベリング	55 牡4	和田	松田国	5350	11,280	サンデーR	白老F	△◎▲注○	京1497❶ 中1594⑤ 芸3067⑥ 東2244⑪	32.6②
8	12	マカヒキ	ディープインパクト	ウィキウィキ	57 牡6	岩田康	友道	9650	45,171	金子真人HD	ノーザンF	○△△△○▲	東1459⑥ 東1577⑦ 京2143⑬ 東2240①	32.6①

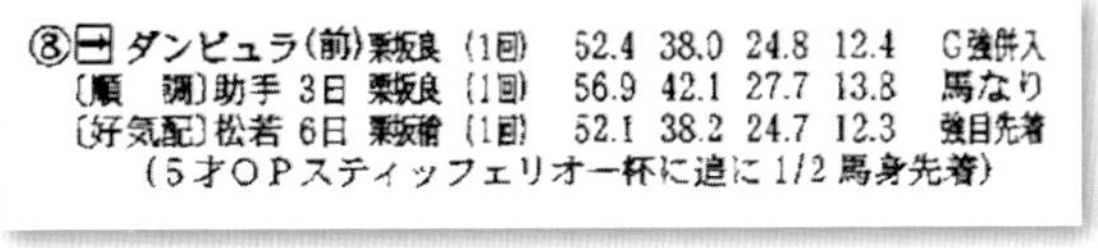

⑧ ➡ ダンビュラ（前）栗坂良（1回）52.4 38.0 24.8 12.4 G強併入
〔順　調〕助手 3日 栗坂良（1回）56.9 42.1 27.7 13.8 馬なり
〔好気配〕松若 6日 栗坂稍（1回）52.1 38.2 24.7 12.3 強目先着
（5才OPスティッフェリオ一杯に追に1/2馬身先着）

19年2月10日京都記念
1着⑧ダンビュライト
2着⑩ステイフーリッシュ
3着⑫マカヒキ
単勝⑧850円
複勝⑧220円
⑩140円
⑫180円
馬⑧⑩1510円
ワイド⑧⑩530円
⑧⑫790円
⑩⑫410円
3連複⑧⑩⑫2190円
3連単⑧→⑩→⑫1万7060円

当てはまるわけではないです。そういうときに役に立つのがこの予想法。例えていうなら19年京都記念を勝ったダンビュライトです。同馬は常にそこそこの人気を集めながら1年以上、当時は勝てていませんでした。前走のＡＪＣＣで掲示板を久しぶりに外したことで人気も急落。そろそろ頭打ちなのでは？　という評価をしている人が多かったように思います。でも私が見る限り、とても頭打ちとは思えない調教をしていました。

『最終追い切りは体重の軽い松若騎手騎乗とはいえ、栗東坂路で52・1―38・2―24・7―12・3と鮮やかな加速ラップを踏んできました。もともと全体時計は速くともラストは失速するラップになることが多いなか、52秒台前半で加速ラップというのは大きな強調ポイント。追い出すと力強く加速し、スティッフェリオを1馬身突き放しました。2戦2勝と好相性の松若騎手とのコンビで勝ち負け必至!!』（ブログより）

ここで注目なのは、いつもラストは失速するという同馬の癖。近走の成績が良いときに、今までにない動きを見せると逆に危

調教に騎手が乗るときは勝負気配も感じますが速い時計が出やすいので注意!!　重賞レースなら映像が観れるので馬の動きにポイントを置くのがベスト☆

調教の癖がわかれば穴場券がとれる！

険信号なのですが、成績（調子）を落としているときに、今までにない走りを見せているなら、穴馬券ゲットの大チャンス。もちろん全部がプラスに変わるわけではないですが、もともとGIで好走している力の持ち主なだけにキッカケさえつかめば変わるはず。そう信じて◎を付けて、馬券をゲットしました。

ただこのときで注意したいのは、松若騎手は体重が軽く、調教で乗り替わると、ほぼ確実にタイムが速くなります。このように何度も、この松若マジックには騙されました（笑）。

こういった細かいところを知っていくことが、競馬を予想することの楽しさ。全部を伝えられませんが、P21～の『全10場の攻略法』や、過去私が馬券を的中させたP75～の『天童なこ炎の10番勝負』を読んでもらうと、少し私の頭の中が見えてくると思います。ぜひ、これからの予想の参考にしてください。

てんなこコラム Column 01

大万馬券的中劇はこうして作られる！

調教予想ができるまでフローチャート

月曜日 MON

前週の反省

競馬脳お休みDAY♪競馬週刊誌をゲットして、ファッション誌みたいに寝っ転がりながらペラペラ〜って読んでます。

火曜日 TUE

1週前追い切りVTRチェック！

水曜に最終追い切りをする馬が多いので、予習のためにチェック。ここで良い馬を見つけたら、明日の動きが楽しみに。

水曜日 WED

最終追い切りVTRチェック！

調教が最も多い日。JRA-VANで、その日の夜にアップされた動画を片っ端から見て、週末の予想に備えます。

木曜日 THU

最終追い切り＆1週前追い切りVTRチェック！

この日も最終追い切りの日。ただ大半は水曜日に終わっているので、急遽、本命を変えるかの最終確認日。

金曜日 FRI

本命馬＆予想公開！

週末テレビに出演するときや、サンスポさんの入稿のために本命を決定し、予想と見解をメールで送る。もう変えられない！

土曜日 SAT

土曜開催のレース回顧！

だいたい競馬以外のお仕事が入るので、合間の休憩時間を使ってレースをチェック。当たっていると仕事の動きが違う（笑）。

日曜日 SUN

日曜開催のレース回顧！

最近はイベントなどのお仕事で、競馬場とかWINSにいることが多いです。仕事より目いっぱい楽しむことが大事！

PART 02

初心者の方でも、ここをおさえておけばきっと、勝てます！

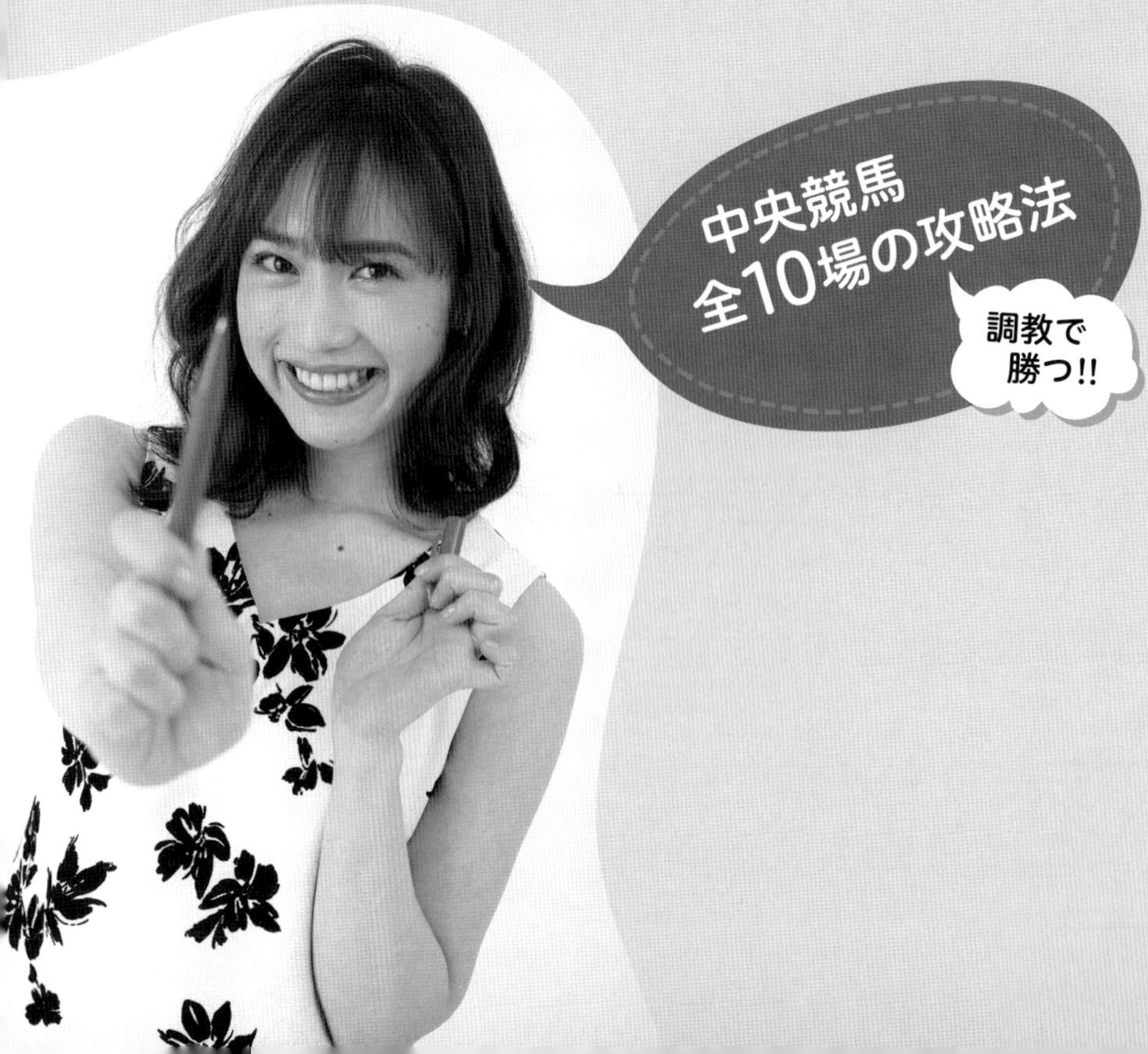

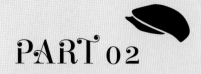

東京競馬場

主な重賞レース

NHKマイルC 1600m
ヴィクトリアマイル 1600m
オークス 2400m
日本ダービー 2400m
安田記念 1600m
天皇賞(秋) 2000m
ジャパンカップ 2400m

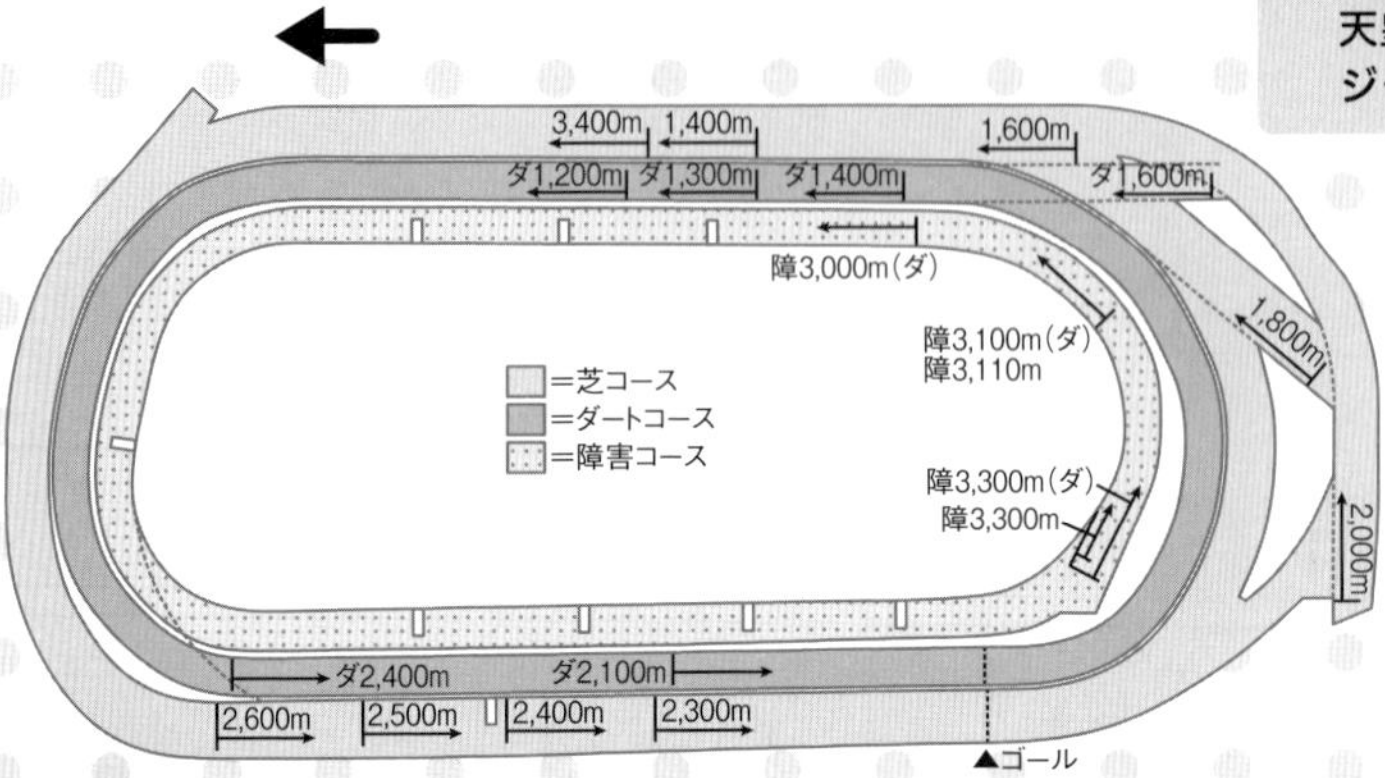

なこ's EYE ダート2100mはトラック調教馬に注目！

これだけ多くのGIが行なわれているのに苦手な競馬場(笑)。だけど、お金はお金。当てる確率の高いレースをしっかりと狙っていきましょう。私のオススメはダート2100m。この距離は東京コースにしか設定されておらず、好走する馬が限られており狙いが立ちやすい。スタミナが要求されるコースなので、トラック調教で本数を多くこなしている馬に注目。中山1800mからの参戦が多く、好走調教の条件が大きく変わるので、前走凡走して人気が落ちている馬も魅力的。思わぬ大穴にたどり着きます。

なこイチオシ！ GⅡアルゼンチン共和国杯の黄金調教

1. 2週連続でコースで追い切りをしている
2. CWで時計を出しラスト12秒台前半
3. 中間もしくは最終での併せ馬は必須

追い切りデータ 数多くGIがある舞台で、なぜこのレース？　って思うでしょうが、ここ5年で4勝と私にとって相性の良いレースで、ここは譲れません(笑)。長距離レースで、やはりコースで追い切った馬に注目。とくに栗東CW組が優勢で18年は1着から3着までと独占しました。ちなみに同じ距離で行なわれる目黒記念は栗東坂路組が有利なので混同しないように！

東京コースでの主な重賞的中実績！

2018年 ヴィクトリアマイル
◎ジュールポレール(8番人気)1着
単勝19.4倍
複勝4.0倍
馬連40.9倍
3連単636.4倍

2015年 天皇賞(秋)
◎ステファノス(10番人気)2着
馬連73.4倍
馬単103.9倍
ワイド23.2倍
3連複248.5倍

2018年 アルゼンチン共和国杯
◎ムイトオブリガード(1番人気)2着
馬連9.1倍
3連複135.6倍

主な重賞レース

皐月賞 2000m
スプリンターズS 1200m
有馬記念 2500m
ホープフルS 2000m

中山 競馬場

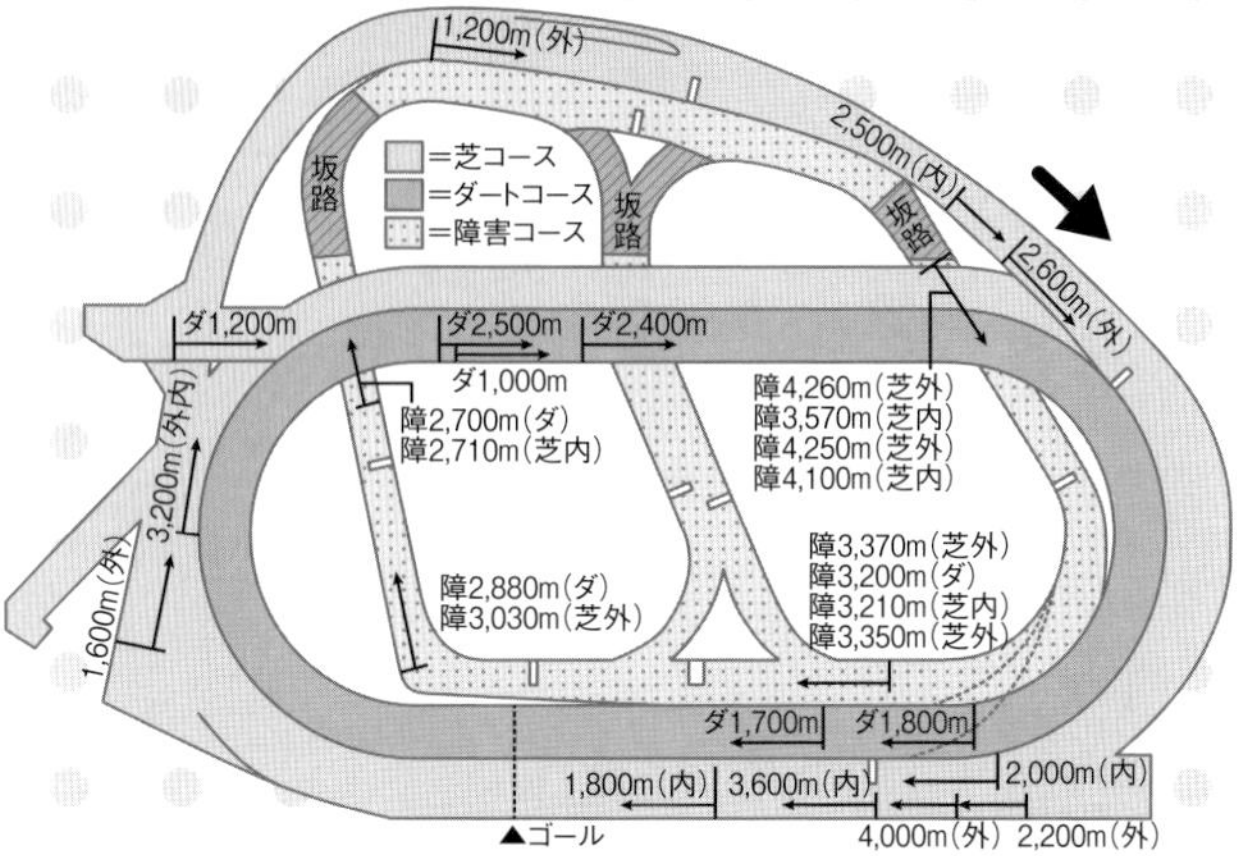

なこ's EYE

ダート1200mで坂路調教馬を狙う！

ダート1200mは基本的には外有利のコース形態で、迷ったときは１つでも外の枠の馬を評価した方が良いほど。内枠の先行馬が穴をあけるときは脚抜きの良い馬場状態であることが条件になるので、当日の時計をチェックして馬券は買うべし。スピードレースらしく、調教も坂路で乗りこまれていることが条件。この２つの要素を考えると、新聞の調教欄は外枠から見ていった方が良いですね☆　同様に芝1200mもスピードが大事。坂路か美浦南Wの併用調教で速い時計を出している馬を積極的に狙っていきましょう！

なこイチオシ！

GⅠ有馬記念の黄金調教

1. **普段からコーナーの練習をしている馬**
2. **最終追い切りの場所はコース**
3. **日曜にもコース追いしている馬は特注**

追い切りデータ　有馬記念はコーナーを６回も回るというJRAのGⅠでは特殊なコース設定。普段からコーナーの練習をしている馬から狙うことがセオリーで、コース追い（又は併用）をしている馬を狙いましょう。17年８番人気だったクイーンズリングは、通常は坂路中心にも関わらず、この時は２週連続CWでの調教。２着に入り穴をあけました。

中山コースでの
主な重賞的中実績！

2015年 **有馬記念**
◎ゴールドアクター（8番人気）1着
馬連68.4倍
３連複203.6倍

2014年 **中山牝馬S**
◎ケイアイエレガント（10番人気）2着
複勝6.7倍
馬連29.7倍
３連複124.8倍

2016年 **フェアリーS**
◎ビービーバーレル（3番人気）1着
馬連56.0倍
３連複153.8倍

京都競馬場

主な重賞レース

天皇賞（春） 3200m
秋華賞 2000m
菊花賞 3000m
エリザベス女王杯 2200m
マイルCS 1600m

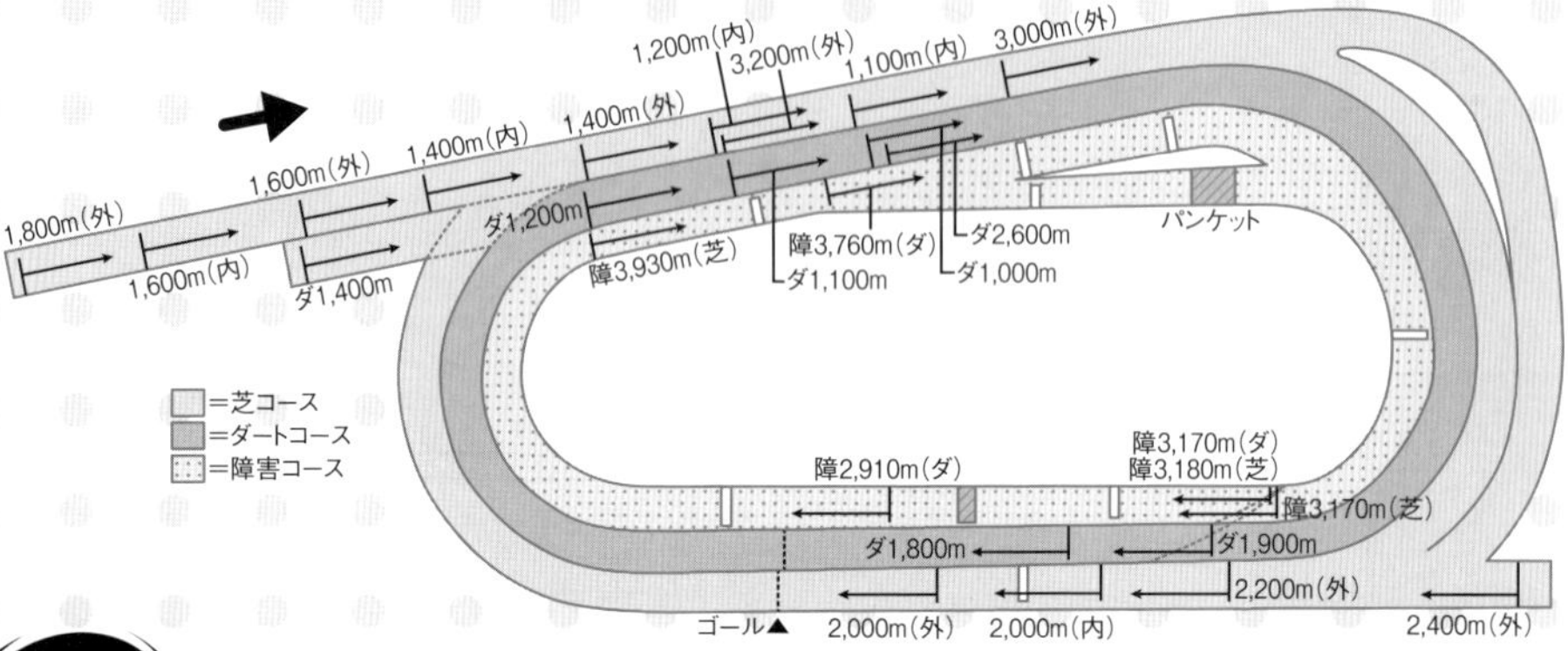

なこ's EYE

芝1600mは栗東坂路で平均的ラップを刻む馬！

17年のシンザン記念で８番人気のキョウヘイが快勝。この時の最終追い切りのタイムは、13.5－13.2－12.7－13.1と平均的なラップを刻みながら、さらにラスト２ハロンは持続ラップになっていた。このときは他のメンバーに坂路調教馬が少なかったこともあり、自信の本命にしたことを思い出します。その後、キョウヘイはこの時ほど調教で動けていなくて（持続ラップを踏めていない）、京都のマイル戦は６着と５着。いかに京都のマイルが、平均的なラップを必要としているのかが分かります。

なこイチオシ！

GⅠ菊花賞の黄金調教

1. コースで併せ馬
2. 相手に併入、または遅れている馬を狙う
3. 調教で人気になる馬は疑う

追い切りデータ 3000mを乗り切るためにはスタミナは不可欠で『調教の動きが抜群＝狙い馬』とすると罠にハマってしまいます。調教での見た目は悪いものの、併走馬に先着するよりも遅れている、もしくは併入している馬のほうが狙い目でしょう。18年は大好きなブラストワンピースの動きに惑わされてしまいましたが、次こそは遅れている馬を狙います（泣）。

京都コースでの
主な重賞的中実績！

2014年
菊花賞
◎サウンズオブアース（4番人気）2着
複勝2.7倍
ワイド9.5倍
馬連26.4倍

2015年
シンザン記念
◎グアンチャーレ（2番人気）1着
馬連40.8倍
３連複82.2倍
３連単438.4倍

2016年
秋華賞
◎パールコード（4番人気）2着
馬連35.5倍
３連複209.4倍

主な重賞レース

大阪杯 2000m
桜花賞 1600m
宝塚記念 2200m
阪神JF 1600m
朝日杯FS 1600m

阪神 競馬場

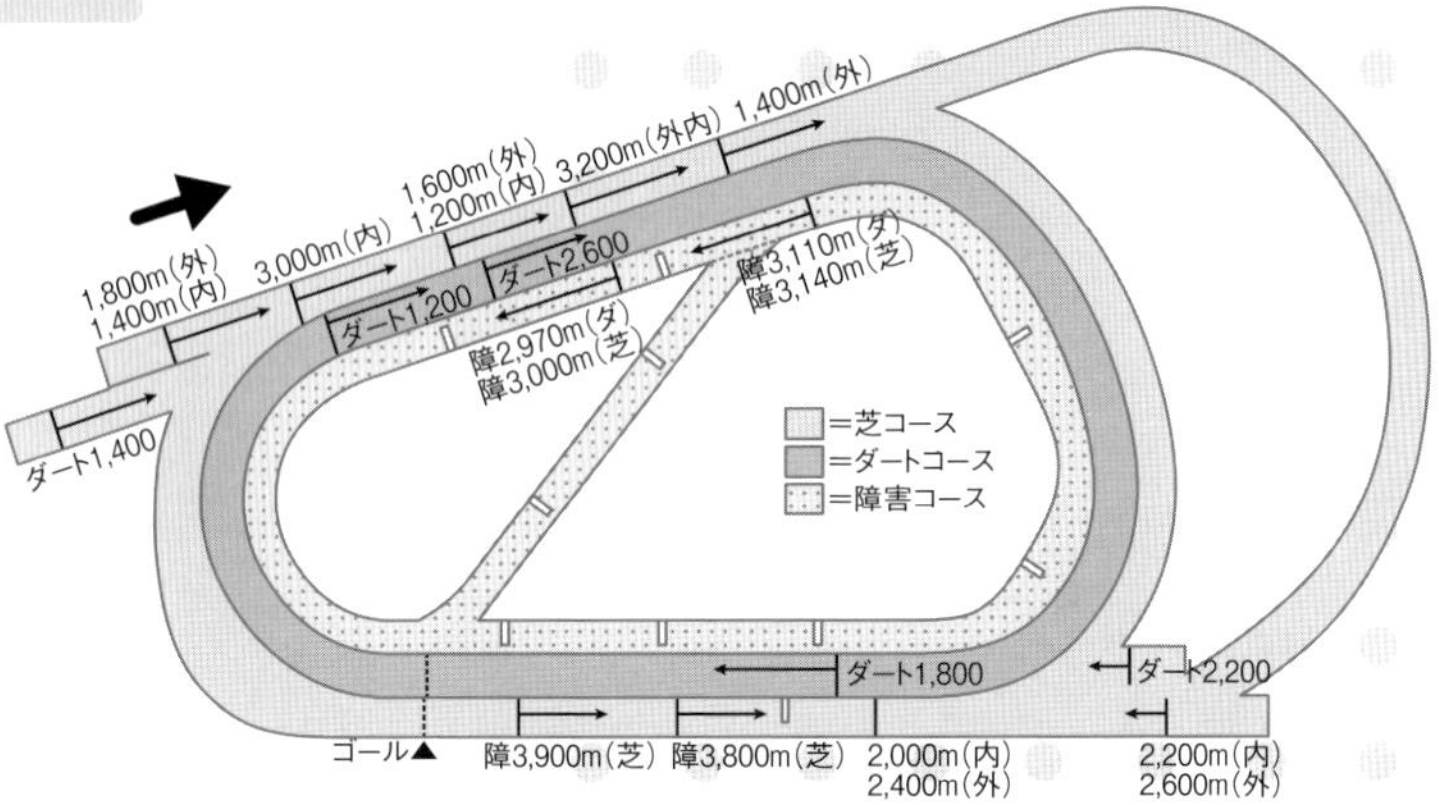

なこ's EYE

阪神の外回りは、やっぱり栗東坂路！

黄金調教でも桜花賞を取り上げたように、芝外回りコースの中でも特にマイル戦が調教予想では狙いやすい。2018年に阪神芝1600mで行なわれたレースは計53。最終追い切り場所の内訳は、栗東坂路が25勝、CWも22勝、その他６勝。例年より、坂路組の割合はやや減りましたが、９月の500万下を勝ったチトニアをはじめ、日曜に速い時計を出している馬は、結果を出しやすいので特に勝負。タイムは50秒～51秒台前半など全体時計が速い馬よりも、ラスト２ハロンが24秒台など加速ラップを踏んでいる馬が好ましいです。

なこイチオシ！

GI 桜花賞の黄金調教

1. 栗東坂路を中心に追い切られている
2. 加速ラップを刻んでいる
3. 自己ベストを出していれば注目

追い切りデータ 桜花賞の特徴といえば、09年のブエナビスタや14年のハープスター、そして18年のアーモンドアイのように速い上がりを出せる馬が活躍しています。ゆえに最後にビュッと伸びるスピード、坂路で調教されている馬を狙うべきです。とくに加速ラップ馬には注目で、15年のコンテッサトゥーレは８番人気ながら、３着まで追い込んできました。

阪神コースでの 主な重賞的中実績！

2014年 **宝塚記念**
◎ゴールドシップ(１番人気)１着
○カレンミロティック(９番人気)２着
馬単102.1倍
ワイド21.3倍
(１点的中！)

2016年 **アーリントンC**
◎レインボーライン(４番人気)１着
馬連58.4倍
３連複338.2倍

2017年 **ローズS**
◎ラビットラン(８番人気)１着
馬連213.9倍
ワイド43.5倍＆24.2倍

中京競馬場

主な重賞レース

高松宮記念 1200m
チャンピオンズC 1800m
東海S 1800m
金鯱賞 2000m

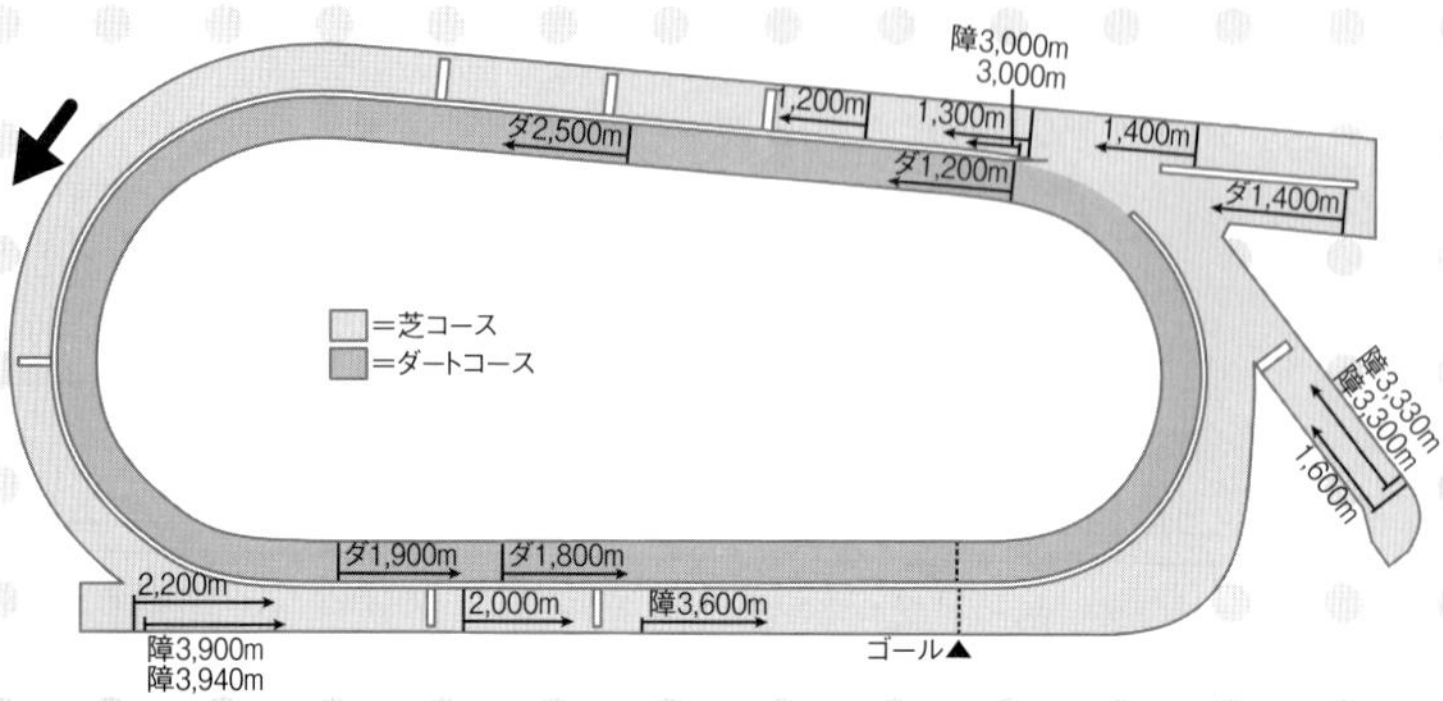

なこ's EYE

ダート1200mは過去の成績に囚われるな！

中京競馬場ではゴール手前で急坂が待ち構えており、やっぱり芝・ダートを問わず栗東坂路組が優勢。とくにダートの短距離戦では、その傾向が顕著に出るので、過去の成績や人気に囚われずに馬券を買ってください。芝もマイルまでの短距離戦なら坂路組の信頼度は相当に高い。かつ加速ラップであれば、かなりの高確率で馬券圏内に顔を出してくれるはずです。18年12月は、ここ最近で馬券の調子が一番良かったんだけど、それは中京競馬場のおかげ。チャンピオンズC、中日新聞杯の連勝で、気持ちよく年を越せました(笑)。

なこイチオシ！

GI高松宮記念の黄金調教

1. 最終追い切りが美浦南W
2. 長さは関係なくラストは13秒台以内
3. どんなに人気薄でもヒモは手広く

追い切りデータ 基本的に中京競馬場は栗東坂路組を中心に予想をすればOKだけど、高松宮記念は、美浦の南Wで最終追い切りをした馬が優勢です。19年高松宮記念でも２着セイウンコウセイ、３着ショウナンアンセムともに最終の追い切り場所は南Wで、ラストは13秒台を切っていました。18年３着ナックビーナスは今年最終追い切りをポリトラックに変えて14着に終わっています。

中京コースでの 主な重賞的中実績！

2018年 高松宮記念
◎レッツゴードンキ(３番人気)２着
馬連16.9倍
３連複159.1倍

2018年 中日新聞杯
◎ショウナンバッハ(12番人気)２着
馬連158.3倍
ワイド40.1倍
&73.6倍
３連複466.9倍

2014年 CBC賞
◎ニンジャ (10番人気)３着
複勝7.5倍
３連複224.0倍

主な重賞レース

小倉大賞典 1800m
小倉記念 2000m
北九州記念 1200m
小倉2歳S 1200m

小倉競馬場

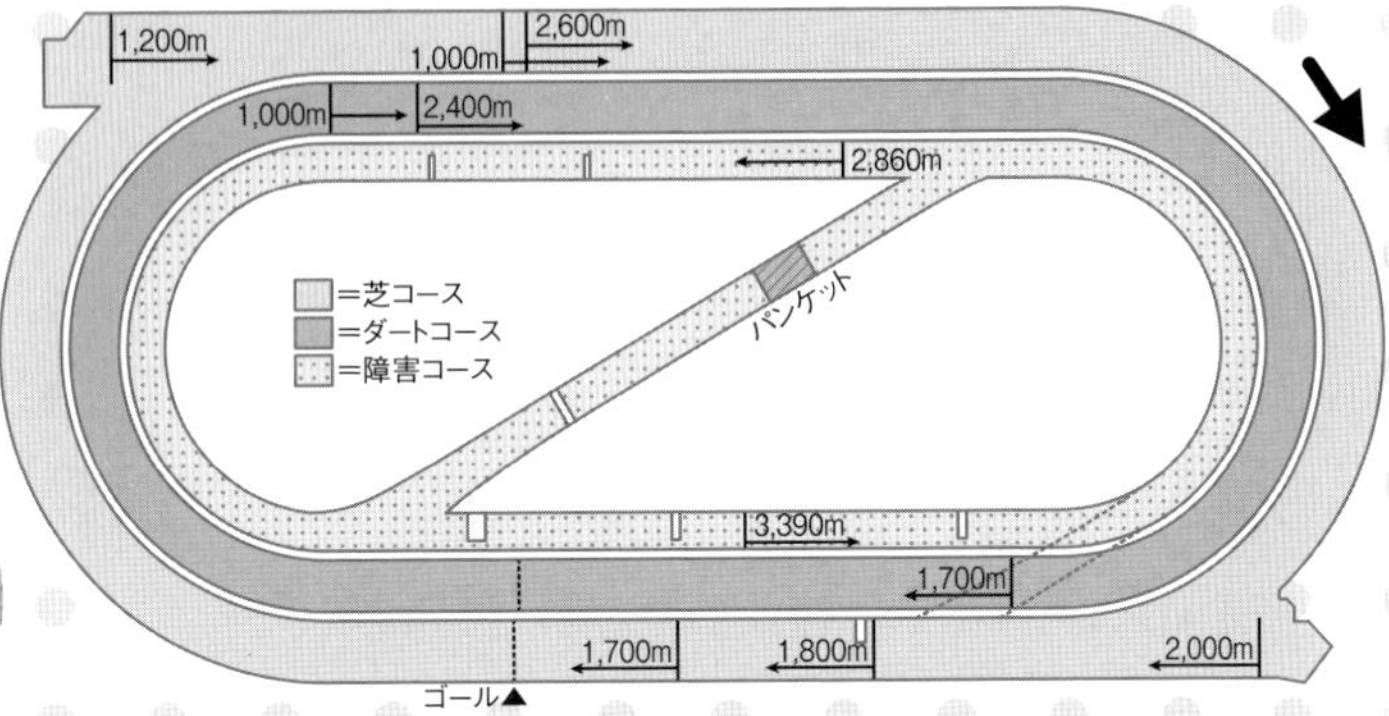

なこ's EYE ダート1700m戦は内枠・先行馬・坂路！

坂路調教といえば芝のレースに適しているように思われがちですが、ダートでも活きることが多々あります。その筆頭が小倉1700mというコース条件。正直なところ小倉の芝中距離戦は私の中で苦手意識があって、小倉の馬券を買うときは芝の短いところか、ダートと決めています。内枠＆先行馬＆坂路調教、この３つが揃ったら人気を無視して飛びついてもらって大丈夫です☆　特に坂路で速い時計を出していたら絶好の狙い目。夏開催では小崎厩舎が毎年穴をあけている印象があるので、ぜひ覚えておいてください!!

なこイチオシ! GⅢ 小倉２歳Sの黄金調教

1. 最終追いは滞在ではなくトレセン
2. 栗東坂路組が圧倒(ここ２年は全頭)
3. 中間などで騎手騎乗だと尚よし

追い切りデータ　障害戦を除くと年に４回しか重賞が組まれていない小倉競馬場。それにも関わらず、その４つの重賞で坂路組が勢いよく穴をあけています。18年から19年にかけても北九州記念１着アレスバローズ(６番人気)、３着ラブカンプー（７番人気)。小倉２歳S ２着アズマヘリテージ(13番人気)。そして小倉大賞典３着サイモンラムセス(14番人気)などが坂路組でした。

小倉コースでの 主な重賞的中実績！

2016年 小倉記念
◎エキストラエンド(6番人気)3着
ワイド29.5倍
&14.8倍
３連複307.2倍

2015年 小倉2歳S
◎サイモンゼーレ(7番人気)2着
馬連15.9倍
３連複56.0倍

2014年 (参考)TVQ杯
◎キクノソル(1番人気)1着
３連単173.3倍

福島競馬場

主な重賞レース

福島牝馬S 1800m
ラジオNIKKEI賞 1800m
七夕賞 2000m
福島記念 2000m

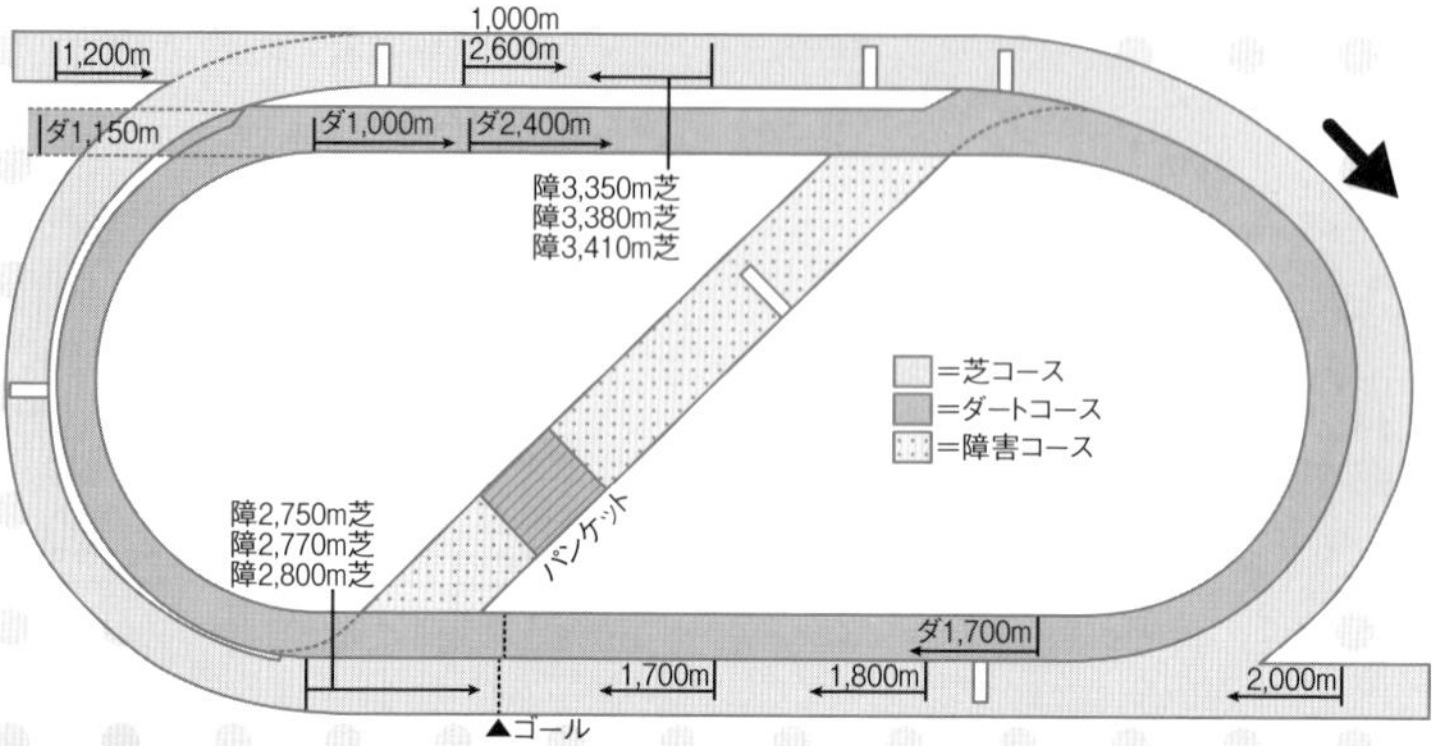

なこ's EYE

見た目以上にスタミナが必要！ コース追いが優勢!!

福島は平坦コースで高低差も少ない競馬場。しかし細やかな起伏が多く、アップダウンに対応する力が必要になり、見た目以上にスタミナが要求されるコースです。すなわち、全体を通してコース追いで参戦している馬を中心に狙えば良いでしょう。最近私が当てた重賞レースは17年の福島記念。本命は１着になったウインブライトでした。後に強豪馬が集まった今年の中山記念を勝つまでに成長するので、今だから福島記念では力が違ったと言えるのですが当時は単勝5.4倍。南Wで２週連続ハードに追われており、絶好の狙い目でした。

なこイチオシ！

GⅢ七夕賞の黄金調教

1. **美浦組**
2. **特に南Wで追い切られている**
3. **本数を多くこなしている(日曜に速い時計を出すなど)**

追い切りデータ １年を通じてもっとも荒れることで有名な七夕賞。しかし18年は17年に１番人気が勝ったこと、そして12頭と頭数が揃わなかったことで本命決着を予想した人が多かったように思います。しかし結果は…。私は上記の３項目をすべて満たしていた２着マイネルサージュを本命、対抗に勝ち馬のメドウラークを指名して馬連的中。232.5倍の馬券をゲットしました！

福島コースでの 主な重賞的中実績！

2018年 **七夕賞**
◎マイネルサージュ（4番人気）2着
○メドウラーク（11番人気）1着
馬連232.5倍

2017年 **福島記念**
◎ウインブライト（2番人気）1着
○スズカデヴィアス（3番人気）2着
馬連23.8倍

2015年 **七夕賞**
◎ステラウインド（8番人気）2着
△グランデッツァ（2番人気）1着
馬連38.2倍

新潟 競馬場

主な重賞レース

新潟大賞典 2000m
アイビスSD 1000m
レパードS 1800m
関屋記念 1600m
新潟2歳S 1600m
新潟記念 2000m

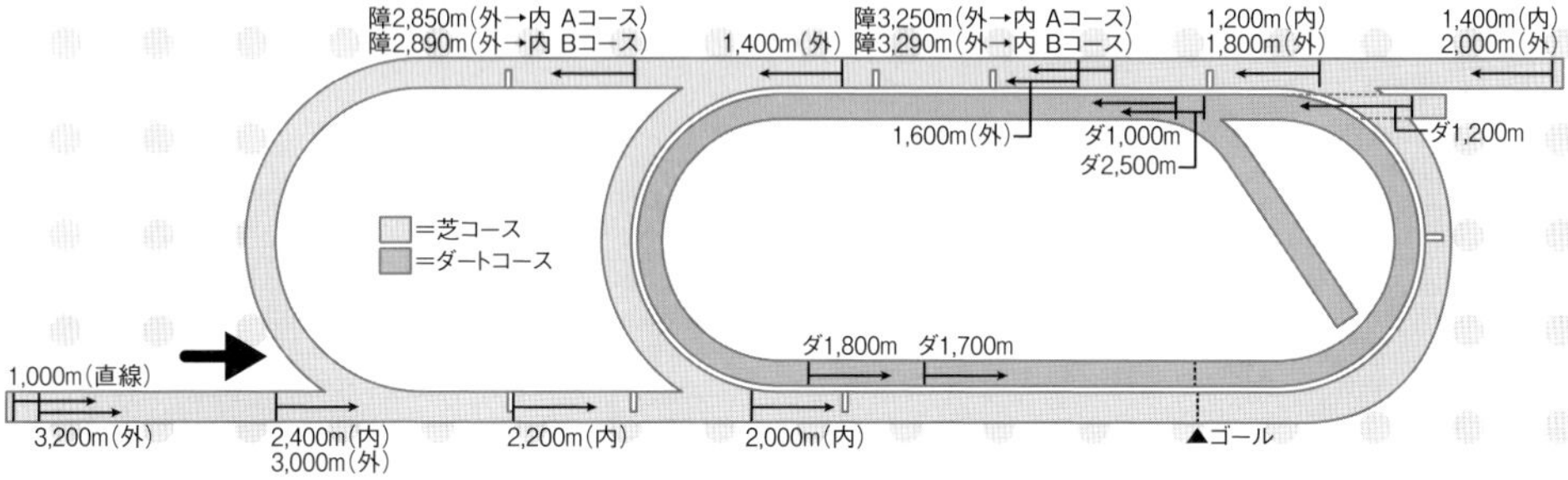

なこ's EYE

とにかく千直! 調教予想のボーナスレース!!

新潟競馬場は毎週1000mの直線競馬だけ走ってほしいなと思うくらい、私の大好きなレース。"重賞"的中実績には掲載できなかった過去の的中を書こうと思います。まず14年の後半はヤバかった。調べてみると、9月21日の500万下で7番人気シングルカスクからの3連複97.2倍ゲット。その後もポンポンと、その開催だけで4レース的中。16年の8月も13日に馬連111.7倍、27日も単勝と3連単的中と一度馬場が見られるとポンポンと当たる気がします。ぜひ私のブログで確認してみてくださいね。

なこイチオシ!

GⅢアイビスサマーダッシュの黄金調教

1. 坂路調教
2. テンが速く、ラスト失速のラップ
3. 調教条件を満たす千直初の馬を狙う

追い切りデータ 上欄は自慢ばかりだったので、ここでは具体的な馬選びについて書きます。絶対欠かせないのは坂路で調教していること。そしてテンも速く2ハロン目、3ハロン目と加速して、ラスト1ハロンで失速している馬をトコトン狙います。調教で5ハロン走る馬は多く、新潟1000mは調教の延長戦上でしかありません。実際のレースのようなラップを刻めば信頼できるでしょう。

新潟コースでの
主な重賞的中実績!

2014年 **新潟大賞典**
◎ユールシンギング(3番人気)1着
単勝5.0倍
馬連10.5倍

2014年 **新潟2歳S**
◎ニシノラッシュ(6番人気)3着
3連複47.8倍
3連単164.4倍

2016年 **新潟2歳S**
◎オーバースペック(6番人気)2着
馬連41.7倍
3連複84.4倍

札幌競馬場

主な重賞レース

クイーンS 1800m
エルムS 1700m
札幌記念 2000m
キーンランドC 1200m
札幌２歳S 1800m

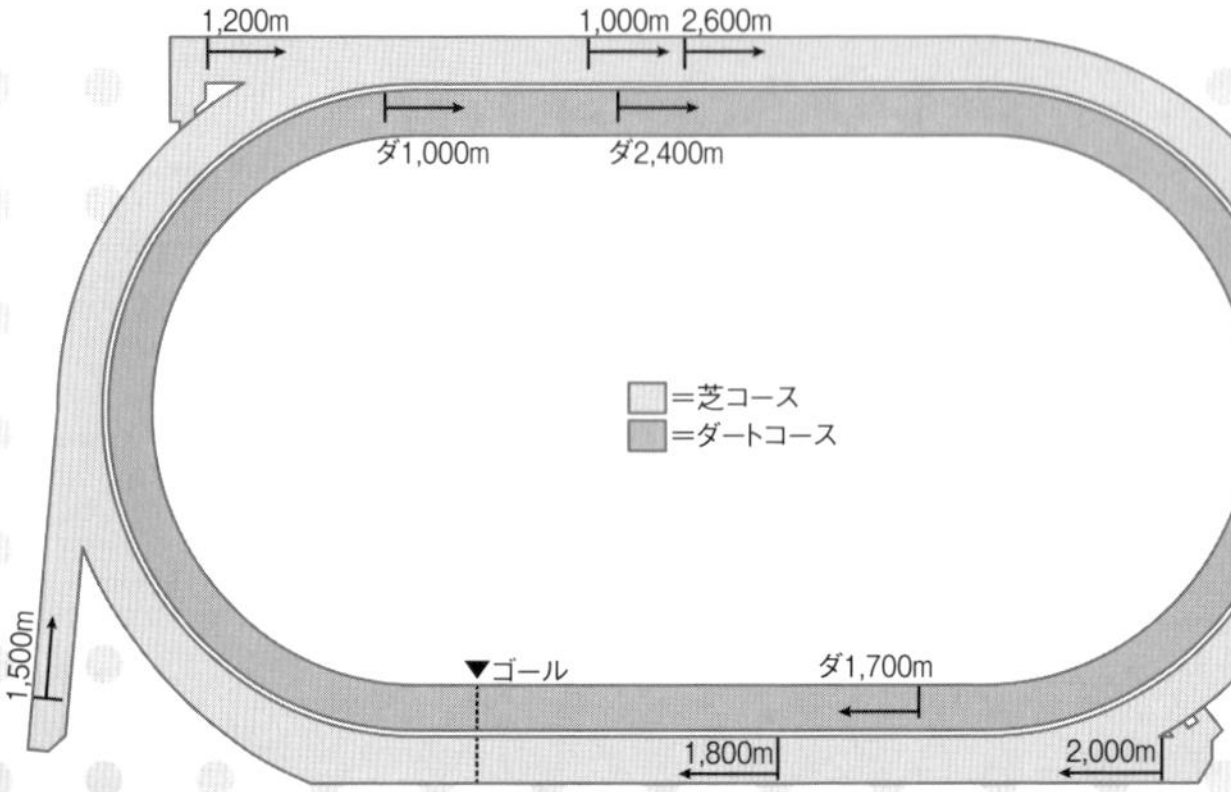

なこ's EYE

調教での時計だけでは判断が難しい競馬場

札幌競馬場は苦手かな…、と思いながら振り返っていたのですが、間違いなく苦手でした(笑)。当たらないというよりも、勝負できる馬を見つけにくいというのが本音です。開催が進んでいくと、滞在３戦目、４戦目といった馬たちが激走して穴をあけることがあるのですが、時計だけだとなかなか判断することが難しい。お仕事として重賞レースなどは予想しますが(近年の札幌記念は北海道開催とは思えないほど豪華なメンバーが揃うので)、平場はほとんど手を出しません。

なこイチオシ！

GⅢキーンランドカップの黄金調教

1. 中間も含め滞在しての追い切り
2. 馬なりで追われていること
3. ラスト12秒５以内が理想

追い切りデータ 苦手な札幌競馬の中でも、キーンランドCに関しては過去５年で３回的中と相性の良いレースです。ポイントとしては函館Wで調教している馬を中心に狙っています。やはり中間も含めて滞在し、函館か札幌で時計を出していることが必須条件。16年のブランボヌール以外はすべて滞在(１週前栗東坂路)かつ、最終追い切りを馬なりでラスト12秒台前半が目安です。

札幌コースでの
主な重賞的中実績！

2016年 **札幌記念**
◎モーリス(１番人気)２着
○ネオリアリズム(５番人気)１着
３連複33.8倍
３連単220.6倍

2018年 **キーンランドC**
◎ダノンスマッシュ(４番人気)２着
馬連12.5倍
３連複97.4倍

2015年 **札幌２歳S**
◎アドマイヤエイカン(２番人気)１着
馬単21.1倍

主な重賞レース

函館スプリント 1200m
函館記念 2000m
函館２歳S 1200m

函館競馬場

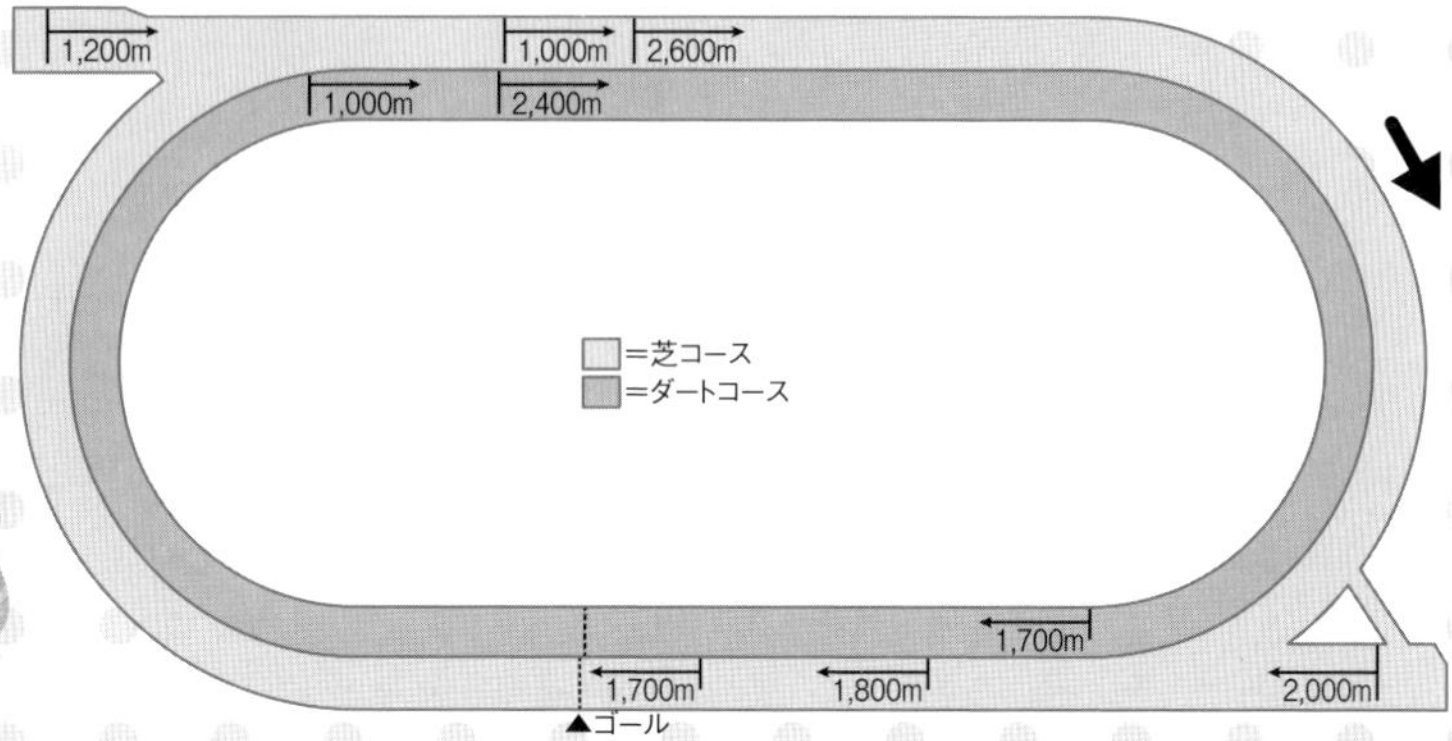

なこ's EYE

開催1週目から3週目までの芝短距離戦を狙え！

函館の芝スプリント戦は、函館Wで速い時計を出している馬を狙ってみてください。その中でも２歳戦は顕著に、その傾向が出ています。そして大きなポイントは、開催の後半は間隔が詰まる馬が多くなるため、調教を軽めで済ませることが増えます。ですので開催の前半のうちに儲けましょう。ちなみに14年に函館スプリントSで大穴をあけたガルボは、それだけの理由で本命にできました。また、先ほど書いたように２歳戦の相性が良いことから、開幕前半の芝1200mで行なわれる新馬戦が、調教派としては一番の勝負レースです！

なこイチオシ！

GⅢ函館スプリントSの黄金調教

1. 最終追い切りを函館Wで出している
2. 1週前はトレセンで調教
3. 滞在馬は最終追いと併せ馬負荷が必須

追い切りデータ このレースを予想する上で忘れてはいけないこと、それは『世界のロードカナロアが単勝1.3倍で２着に負けた』という事実。枠や展開で、こんなことが起きるのが函館スプリントSなのです。ですので私はあまり深く考えずに、函館Wで速い時計を出していながらも人気薄となっている馬を根気強く狙えば、必ず高配当にありつけると思っています。

函館コースでの主な重賞的中実績！

2014年 函館スプリントS
◎ガルボ（8番人気）1着
複勝14.4倍
馬連273.4倍

2015年 函館2歳S
◎メジャータイフーン（3番人気）2着
馬連13.9倍

2016年 函館記念
△ケイティープライド（13番人気）2着
馬連108.9倍
（５頭BOX）

てんなこコラム
Column 02

JK時代から現在まで忘れられない
名馬ベスト3

レースを見て惚れた！私の憧れの名馬たち

どんな取材でも『1番好きな馬は？』と聞かれて答えるのが、ダイワスカーレット。顔は可憐で可愛らしいのに勝負根性は抜群。感情や体調の変化が大きい女のコでありながら、12戦8勝2着4回は常識外!!　その後、強い牝馬は何頭か誕生しましたが、私の憧れの女性は永遠にダイワスカーレットです。

私を競馬に導いてくれたのが、ディープインパクト。「なんじゃこりゃ!?」と、TVでレースを見て衝撃を受けました。だからこそ3歳の有馬記念でハーツクライに負けたときは…。人生何が起こるかわからない。そんなことを私に教えてくれた名馬です。

競馬のお仕事を始めるときに、過去20年間のGIレースは振り返っておこうと思ってみていた時に惚れちゃったライスシャワー。ミホノブルボンの3冠を阻み、メジロマックイーンの天皇賞3連覇も阻む。ヒールなダークヒーローに、昔から憧れちゃうんですよね。

ダイワスカーレット

強豪メンバー、しかも牡馬を相手に勝ち切った有馬記念。先日亡くなったウオッカとの激戦の秋の天皇賞と魅力は語り尽くせません。

ディープインパクト

言わずと知れた21世紀最大のスーパーホース。種牡馬としても一時代を築き、何十年何百年とその名は残ります。

ライスシャワー

関東馬でありながら京都コースが得意だった同馬。3つのGIを制覇したが、すべて１番人気ではなかったことにも…♡

桜吹雪の中、乗馬という時代劇体験ツアーみたいなシチュエーション。ひとまず凛々しく写真撮影。

乗馬 jouba taiken 体験

馬への愛情と理解が深まりました！

調教ハンターとして活動している以上、なこちゃんは馬に乗れるよね??

――そんな無茶な理屈から、いきなり都内郊外の乗馬クラブへと連れて来られました……。以前に乗ったけど、もう3年も前の話。体力的にも落ちている気がするし、何しろ精神的に大人になったから無理しないようにしているし(つまり不安大)。

でも、やってきたイザーク号がすごく大人しい芦毛馬。この日は雨上がりの雲ひとつないお天気で、太陽が馬体に降り注いで、真っ白というか銀色に輝いて見えました。

そして、とにかくどっしりして乗りやすい。担当している方に聞けば、私と3歳しか違わないお爺ちゃん。私もお爺ちゃん、お婆ちゃんっ子だったから、きっと安心して乗せてくれたのかな？　優しい気持ちになって週末負けたことは忘れられました(笑)。楽しい時間をありがとう。イザーク号。

私もお爺ちゃん、お婆ちゃんっ子だったから、きっと安心して乗せてくれたのかな？

——天童なこ

馬具のルールは変わっていてベロアのヘルメットは、安全上使用が不可能なんだって。

天気が良かった影響か、急に立ち止まって眠りに落ちるイザークちゃん。起きて〜！

歩いているだけなのに、「右回りだから中京でも東京でもない」と自然に出る競馬脳。

1日遊んでくれたイザーク号にお別れ。最後までおっとりして優しいお爺ちゃんでした。

乗馬クラブ クレイン東京
東京都町田市真光寺町1227

☎042-718-4404　定休日：火曜日
全国で乗馬クラブを運営するクレイングループでは初心者向けの体験コースが大人気。元競走馬も沢山いるので、お近くのクレインで馬に乗ってみよう。

CRANE

これだけは知っておきたい

てんなこコラム Column 03

調教用語辞典

芝コース

構造は競馬場の芝コースと同じ。調教よりも主に芝コースに馬を慣れさせる目的での使用ケースが多く、追い切りでの芝コース使用率は決して多くはない。

ダートコース

美浦は「北Ｃ」「南Ｄ」、栗東は「栗Ｂ」と表記される。芝に比べると脚部への負担が少ないものの、競馬と同じく天候に左右されるのが難点。馬体を絞る時にも◎。

ウッドチップコース

美浦は「南W」、栗東は「CW」と表記される。杉と赤松の木屑、杉の木の皮を敷き詰めたコース。ダートよりもクッション性が優れており、脚元をケアしながら鍛えることができる。スタミナ調教としても有効。

ニューポリトラックコース

美浦は「南Ｐ」、栗東は「DP」と表記される。優れた排水性を持ち降雨による悪化、走行時のキックバックが少ない。グリップ力が他のコースよりも優れているため、時計が出やすいので注意。

坂路コース

美浦は「美坂」、栗東は「栗坂」と表記される。ウッドチップが敷きつめられた傾斜のあるコースで心肺機能向上が見込める。美浦より栗東のほうが傾斜がキツイ。スピード調教として効果的。

プール

屋内プールでオールシーズン使用可能。心肺機能の向上はもちろんストレス解消、故障馬のリハビリテーションとしても使用される。水深３メートル、水温は24〜26度。

調教方法① 単走

１頭単独で追い切ること。併せ馬をすると走りすぎてオーバーワークになってしまうことを避けるという目的で追われることもある。

調教方法② 併せ馬

１頭単走に対して２頭、３頭と一緒に並んで走らせる。１頭を先行させて、後ろから追走させるケースも。一緒に走らせることで馬の闘争心を出させる目的もある。

調教方法③ 15-15

１ハロンを15秒０、15秒０と一定のスピードで走らせる。ラップ通りに走らせることで折り合いをつける効果もアリ。

調教の強さ① 馬なり

騎乗者がほとんど手を動かさず、馬の行く気に任せた調教。

調教の強さ② 強め

手綱をしごいてスピードを出させる。馬なりと一杯の中間。

調教の強さ③ 一杯

騎乗者がムチを叩いたり、手綱をしごいて強制的に目一杯走らせる。

PART 03

調教ハンター 天童なこができるまで

一勝九敗だけど
ユニクロじゃ
ありません！

楽しいエピソードが少なすぎる!?

——天童さんの学生時代の思い出を書いてください。

子供の頃の写真を持って編集部に行ったとき、担当さんからこのように言われました。たしかに、ブログでは他の仕事の話も書くけど、基本的には競馬についてのことが多く、あまり過去を振り返った記事を載せたことがないかも。せっかく私を深く知ってもらうチャンスなので、学生時代の私について語ろうと思います。

…んっ？　なぜだろう、記憶がほとんどない(汗)。

そうなんです。比較的、笑っているイメージが強い私ですが、学生時代を振り返ると、楽しいエピソードが少なすぎる。話を聞いていた編集さんも「重たいですね…」と、空気がドヨーンとしてしまいました。なので、しばらく皆さん我慢してください。

この少女が、後に競馬を覚え、楽しい日々を過ごすということ

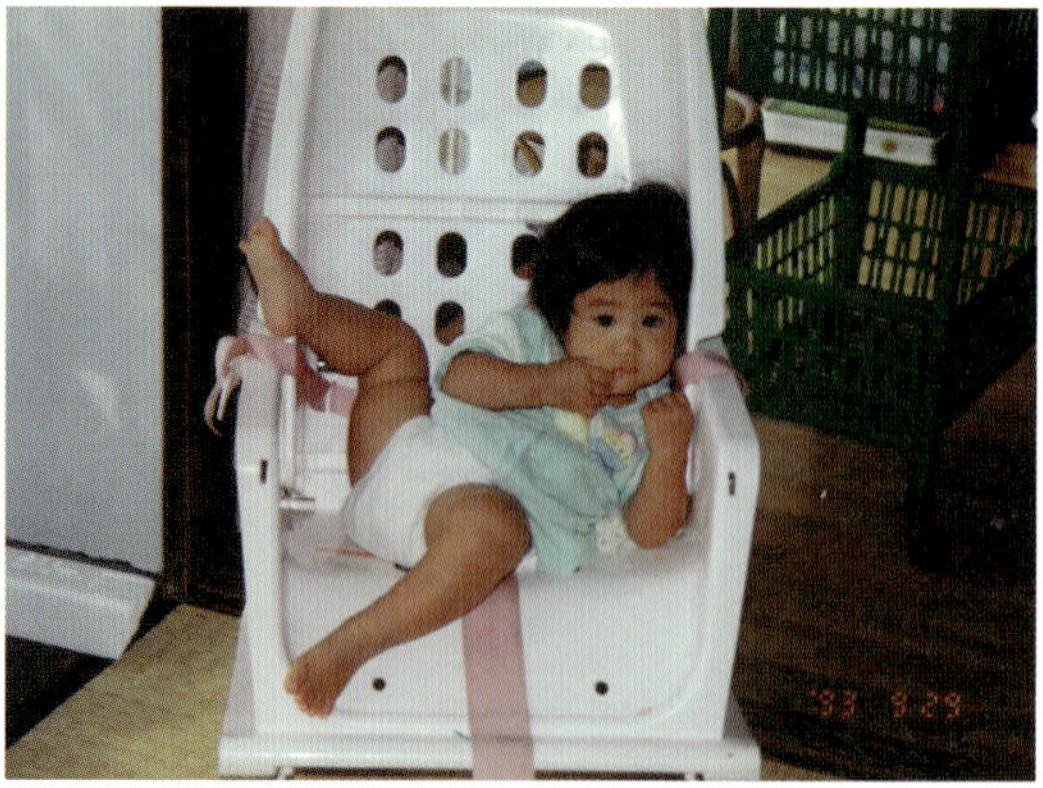

0歳。この頃から枠にはまるのが苦手だったようです(苦笑)。

とにかくお兄ちゃんっ子。いつも手を繋いで公園に連れて行ってくれました。お兄ちゃんに負けたくない！と何でもマネしてたなぁ。

物心ついたときにはもうヤンチャ。毎日外で遊び回ってました。

を頭に置きながら、読んでもらえると助かります。

松浦亜弥に心奪われる

小さい時から同級生の女の子よりも、2歳年上のお兄ちゃんや、その友達ばかりと遊ぶお兄ちゃん子でした。その頃の写真を見ても、女の子らしくお人形さんに囲まれてお淑やかに笑っている写真は皆無。泥だらけになってはしゃいでいる写真が多く、パッと見は男の子みたいでした(お母さんが美人なので私の粗さが目立つ…)。

そんな可愛らしさゼロの子供時代の中でひとつだけ、大好きになったキュートなモノがありました。それが、ユキチャン…、じゃなかった松浦亜弥。あややの存在です。

私が小学校4年生の時でした。紅白歌合戦で歌う姿に一気に心を奪われてしまったのです。後にアイドルを目指すことになる私ですが、松浦亜弥になりたいと思ったことは一度もありません。神様ですから。というより、この頃にアイドルになりた

初めて馬に乗ったとき。大人になって、まさか競走馬に惚れることになるとは…。ポニーちゃんもビックリです。

ヤンチャな私に「もっと女の子らしくしなさい」といつも言っていたお母さん。実家に帰ると未だに言われます……。

いと思った記憶はないんです。ただお母さんの話によると、松浦亜弥と同じハロプロにいたBerrys工房(04年デビュー)に、自分と年齢が変わらない子が入っていたことを知って大泣きしたそう。そのとき、お母さんに涙の理由は話さなかったみたいだけど、きっと負けず嫌いの性格から、〝あややと同じステージに立つその子〟への嫉妬、悔しさが凄かったのだと思います。まだ、芸能活動もしていないのに…我ながらヤバさを感じます。でも、本当にアイドルになりたいと思った記憶はないんですよ。まだ自分のことが分かってなかったんですかね？

ジョッキーを目指したお兄ちゃん

私があややに夢中になっていた小学校高学年の頃、お兄ちゃんは一生懸命に努力していました。それは『競馬のジョッキーになる』夢を追いかけ出したからです。私のいまの仕事に当然つながることなので、お兄ちゃんがジョッキーを目指したことは、本当に有り難いんだけど、当時はあまりうれしくありませ

私、どの子だと思います？　なんと左から２番目。この頃は男の子になることを目指していました(どこに向かってたんだ!?)。

運動会のかけっこで金メダル!!
お兄ちゃんと毎日競走していたおかげか走るのは速かったな～。

んでした。もともと、小柄でもなかったお兄ちゃんが減量のために、朝は牛乳寒天のみ。夜はところてんしか食べなかったんです。当然やせるけど顔色は悪いし、成長期に大丈夫かな、と妹としては心配しかなかった。でも試験までに受験資格体重まで落ちずに挫折。お兄ちゃんには悪いけど、家族も私もホッとしたのを覚えています。

一人で歩いている姿を見られたくなかった

そして、私は中学生になりました。イジメられました。多感な中学2年の頃、女の子たちに目を付けられたんです。

小学校の時から、ちょっと変わった子だったことは否めません。それが中学になって悪い意味で浮いていたんだと思います。とにかく、一緒に行動してくれる友達がいない時期は、教室を移動するとき一人で歩いている姿を見られることがとにかく悲しかったし、辛かった…。

でも、このときの経験が、いまの私に少し活きています。

3

高校は理系に進み数学、化学が大好きでした！　こう見えて、成績はオール5だったんです！

分かってくれる人に分かってもらえればいい

予想が外れたとき。身に覚えのないことを言われたとき。この業界にいればアンチは付き物。もう言われたい放題です(笑)。それでも、どれだけ弁解をしても理解してもらえなかった経験があるから耐えられる。

「ほんの少しの分かってくれる人に分かってもらえればいい」

今の私に心強さをくれた経験でした。

嫌だった中学時代が終わり高校へ。中学時代のトラウマから、できるだけ目立たないようにすることに。

そんな私は高2のときに理系を選択しました。理由は2つ。

・数学が得意だったこと
・女の子が少ないこと

それを聞いた編集さんに「競馬業界と同じ」と叫ばれました。

たしかに！

成人式は久々にみんなに会うのが本当に怖かったー(笑)。ギリギリまでお父さんの車の中で待機してました。

東京に上京してから寂しいときはいつも一緒にいてくれた愛猫“もなこ”。早いお別れでしたが今でもすぐ側にいてくれている気がします。

NMB48のオーディションへ

そんな学生生活だったのですが、一人だけ小学校の頃から私を見捨てずに、友達でいてくれた女の子がいました。それが〝プー〟。最近、子供を生んで立派なお母さんをやっています。

そんなプーが、大学受験前の進路に悩んでいる時期。私にこう言いました。

「なこ、NMB48のオーディション受けなよ」

ここまで読んでいただければお分かりのように、中学、高校はアイドルとは真逆の人気ゼロの生活。だけどプーは、目立つことが大好きだった小学校時代の私を覚えていてくれたんです。

人前で目立つことを避け続けた6年間は、自分に正直になることをできなくさせていました。プーの提案は無視したのです。しかしプーは勝手に応募し、私はNMB48の書類審査をクリア。私は進路を決めなければならない高3の夏、オーディション会場の大阪へと向かいました。（後半に続く）

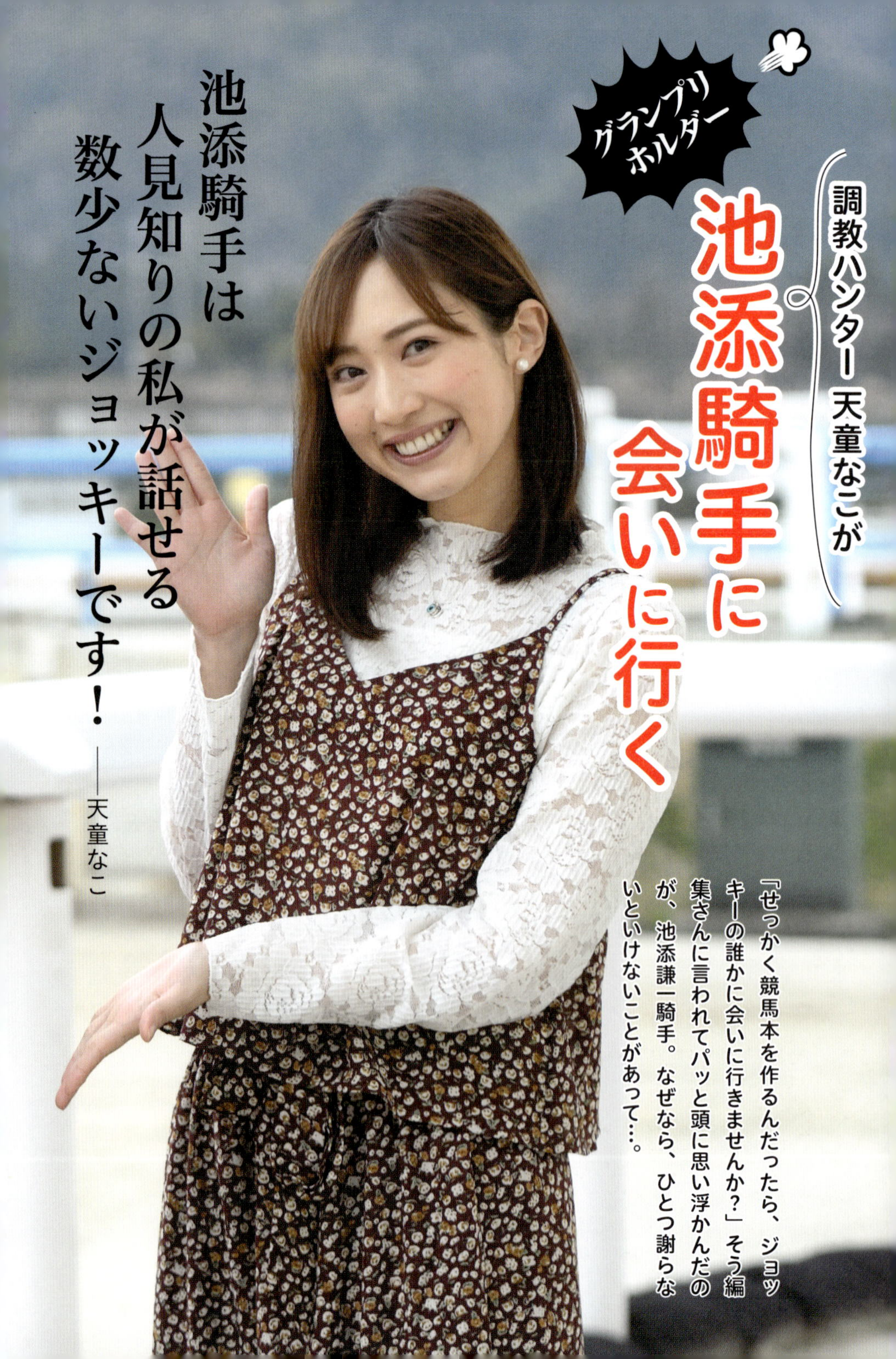

グランプリホルダー

調教ハンター 天童なこが

池添騎手に会いに行く

「せっかく競馬本を作るんだったら、ジョッキーの誰かに会いに行きませんか？」そう編集さんに言われてパッと頭に思い浮かんだのが、池添謙一騎手。なぜなら、ひとつ謝らないといけないことがあって…。

池添騎手は人見知りの私が話せる数少ないジョッキーです！

——天童なこ

なこちゃんを
ひと言でいうと…
『クセ者』だね。

――池添騎手

池添 謙一 1979年７月23日生まれ。GI24勝を含む重賞81勝。JRA通算1136勝（４月21日終了時点）。昨年の有馬記念では３番人気ブラストワンピースを優勝に導き同レース４勝目。ファン投票のドリームレース（宝塚記念・有馬記念）では武豊騎手と並ぶ歴代トップタイの７勝を挙げている。

2018年12月23日　中山11レース　有馬記念
１着⑧ブラストワンピース　２着⑫レイデオロ　３着⑮シュヴァルグラン
単勝⑧890円　複勝⑧270円⑫130円⑮370円
ワイド⑧⑫460円　⑧⑮2560円　⑫⑮690円
馬連⑧⑫940円　馬単⑧→⑫2400円
３連複⑧⑫⑮4910円　３連単⑧→⑫→⑮25340円

天童なこは〝俺と一緒だ〟！

池添騎手（以下、池添J）　本を出すことになったんだってね。すごいやん。

なこ　ありがとうございます。

池添J　でも、なんで俺のとこなん。ユタカさんのほうが良くない？

なこ　池添さんに会いたかったんですよ。実は今回、編集さんから栗東に行くには、何かテーマがあったほうが良いと言われて考えたんです。「そうだ！池添さんに謝りに行こう!!」って。

池添J　俺、何もされていないと思うけど……。

なこ　ブラストワンピースを有馬記念で無印にした件です。ごめんなさい！

池添J　その話か～。ダービーや菊花賞は本命にし

てくれたんだよね。それだけで、うれしいものだよ。

なこ　ダービーも新潟記念も本命にしました。本当にほれぼれする追い切りでしたよー。

池添J　調教をそれだけ見ている女のコも珍しいよ。本当にすごいなと感心する。

なこ　ありがとうございます！

池添J　でもダービーの時は、いま思えばちょっと太かったし、まだ4戦目で子供っぽかったんだよね。

なこ　昨年末のイベントでお会いしたときも話されていましたよね。

池添J　でも、その直後の有馬記念で馬券買わなかったんだ。

なこ　だって池添騎手が「ブラストワンピースは来年(19年)、絶対にGIを獲れる」と言っていたので。

池添J　そこが理由なの？(笑)

なこ　実際いつもより良く見えなかったのもありま

ゴメンネ！
ブラストワンピース
有馬記念
優勝騎手
8
ブラストワンピース
2018

すし、素直に聞いちゃいました。いつもは、あまり人の言うことを信用しないんだけど(笑)。

池添J　初めて会ったときに、自己紹介で自分のことを〝クセ者〟って言っていたからね。

なこ　私、そんなこと言っていたんだ。聞いてどう思いました？

池添J　俺と一緒だと(笑)。そして話をして、本物のクセ者だと感じた。

なこ　競馬ファンの人からも、池添さんはそう思われていますよね。

池添J　なんとなく知っている。

なこ　これからもブラストワンピースを追いかけていくので、またGI獲ってください。

池添J　馬が強いから、自然と結果は出ると思うよ。これからも、調教予想頑張って！

なこ　ありがとうございます！

初公開！ コレがてんなこの㊙調教ノートだ！

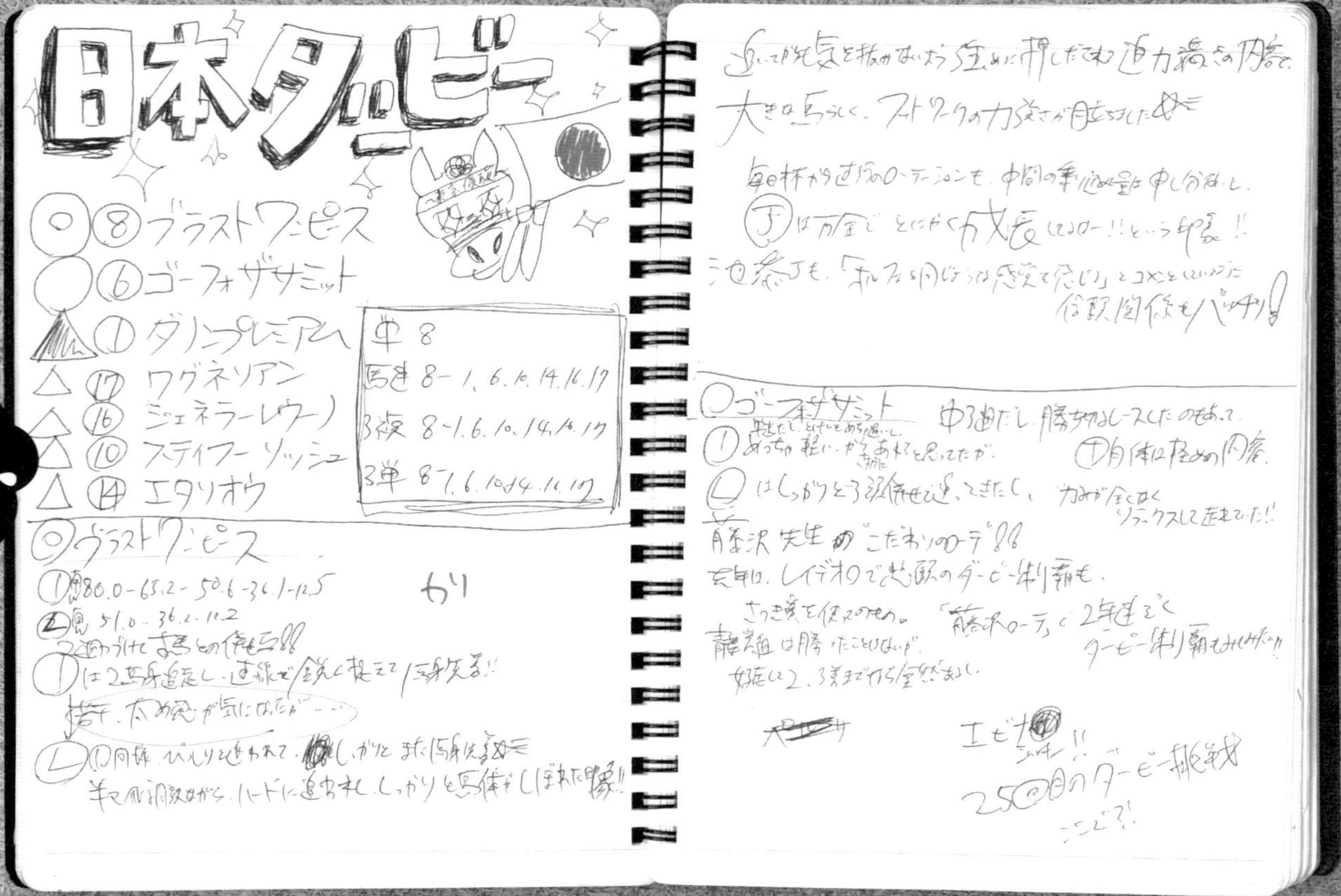

日本ダービーは
自信の◎を
打つも……5着

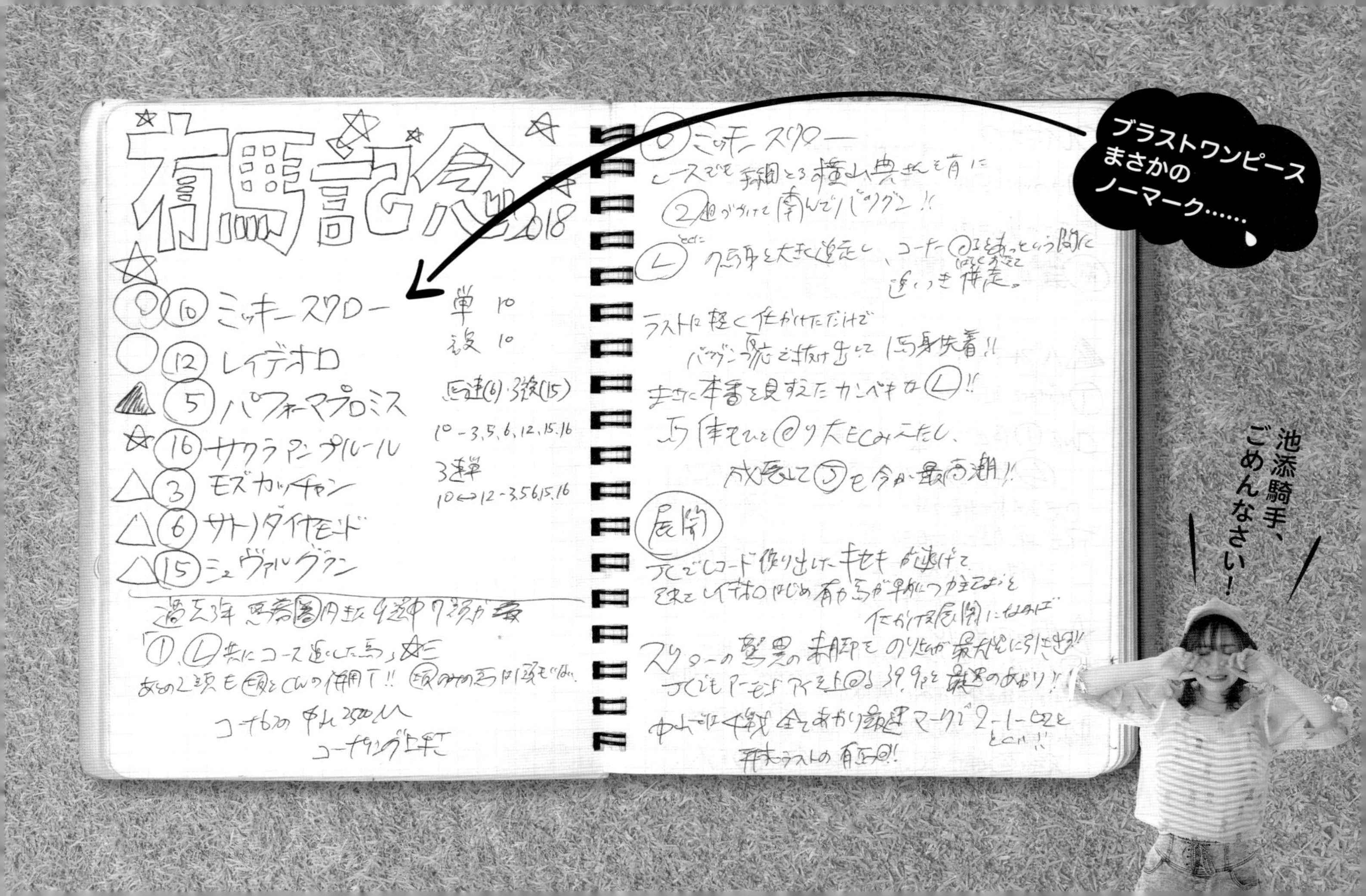
有馬記念2018
⑩ ミッキースワロー
単 10
複 10
⑫ レイデオロ
⑤ パフォーマプロミス
⑯ サクラアンプルール
③ モズカッチャン
⑥ サトノダイヤモンド
⑮ シュヴァルグラン
ラストに軽く仕掛けただけで
展開
ブラストワンピース
まさかの
ノーマーク……
池添騎手、
ごめんなさい！

デビューと同時にはじめた公式ブログ。今では毎日必ず更新するように。ブログを書かないとてんなこの１日は終わりません。

「関西弁で頑張るでんがな！」

ここからは天童なこ「NMB48オーディション」編。今につながる芸能人生の起点になる出来事についてお話しします。

アイドルに興味もなく、あまり最初は乗り気じゃなかったオーディション。だけど、1次、2次、3次と勝ち進むにつれて、私の自信は深まっていきました。まだオーディションの最初のほうだったと思うけど、NMB48のメンバーが決定する様子を放送するテレビ番組があり、そこでダイジェストのようにエントリーナンバーの若い順から1人ずつ画面に映ったんです。私にとって初めてのテレビ出演。お父さんと一緒に見ていたら、

「私、いない…」

そう、私の番号が飛ばされてオンエアー。ところが焦ったのも束の間、私のだけ尺も長めで、締めとして放送されたんです！

「私は名古屋生まれだけど、関西弁で頑張るでんがな！」

YouTubeで毎週競馬予想配信を開始。今では多くの方が配信していますが当時はほとんどいなかったんですよ！編集が大変でした。

オーディションで勝ち取った初めての競馬のお仕事。自己PRを何度も何度も練習しました。

今思い出すと顔から火が出そうなあざといやつ。でも、ずっと自分を認めてもらえなかったから、すごくうれしかった。自分が話すことで周りから浮くのが怖かったから…。変わり者扱いされてきた私だけど、この場所なら輝けるのかもしれない。そこから自分を出すことへの抵抗が徐々に取れてきました。

生まれて初めて味わう挫折

オーディションは進み、いよいよダンス審査。振り付けを一生懸命に覚え、いざ本番。しかし…忘れていました。

「私、ダンスなんてやったことなかった…」

審査室に入り曲が流れると、何を思ったのか私、リズムに合わせて行進。ただただ満面の笑みで行進。ヤバい私が戻ってきました。しかし、そんなシュールな空気を作ったにも関わらず通過！こんな私も受け入れてくれたのがうれしかったなぁ。

そして最終選考。リポーターに南海キャンディーズの山里さんが来ていました。すると突然番組スタッフさんに呼び出され、

2016年の有馬記念当日は小倉競馬場での予想イベント。この頃はまだ緊張してステージ後は何を話したか覚えていない、なんてことはしょっちゅう。

カメラの前で山里さんに信じられないひと言を言われます。

「AKBならまゆゆ、SKEならじゅりな、NMBなら〝この子〟を推します」

震えました。テレビで見ていた芸能人に、そんなことを言ってもらえるなんて夢にも思わないじゃないですか。山里さんのひと言で完全に自信を付け、ウキウキで最終選考へ挑みました。そして合格者の番号が呼ばれる時間に。早くもどんな衣装で歌って〜と妄想が膨らんでいたのですが…私の番号が呼ばれることはありませんでした。思い描いていた未来が一瞬で全てなくなる絶望感。その後のことは何も覚えていません。ただ頭が真っ白になり、気がついたら地元名古屋駅に立っていました。

一人でやっていくしかない

——私は本当に協調性がない人間。

いままでぼんやり思っていたけど、高校時代、頑張って勉強して入れた大学をすぐに辞めて確信しました。子供の頃、お兄

地方競馬の予想イベントにも!!　もともと南関競馬も予想していたのでうれしい限り。勝負服も着られてウキウキ♡

休みの日でも馬と関わっていたいときは乗馬へ。私はすぐに馬になめられてしまうので難しかったな～(汗)。

ちゃんとばかり遊んでいたこと。学生時代に女の子たちに目を付けられたこと。NMB48の最終オーディションで秋元康さんに落とされたこと(このときに初めて会ったので憶測だけど私を見てグループでの活動は無理だと見抜かれたのだと思う…)。結局、同年代の女の子と上手く集団生活が送れないから、私はこういう生き方しかできなかったんです。

でも、それが等身大の自分。だったら一人でやっていくしかない。大学を辞めたことは今でも後悔していません。変わり者の私を認めてくれた芸能界へ一人で行くと覚悟。それが東京に来たと同時に松竹芸能に所属し、芸能活動を始めた理由です。

私の数少ない同期はキンタロー。

NMB48に落ちた私は失意のドン底にいました。ようやく居場所を見つけたのに再び取り上げられてしまった絶望感。それでも変わり者と言われた私を、初めて受け入れてくれた場所だったから…。諦めきれませんでした。

「天童なこ」として競馬場以外のイベントにも呼んでいただけるようになりました。はじめは責任が重くてすごいプレッシャーでした。

たまらなく悔しかった相手は……

「吉本がやっているNMB48に落ちたからって、松竹芸能に入るなこちゃんって強いよね」

と関西の人に言われることも多いのですが、本当に何も考えず募集を見て、応募しただけなんです。だから事務所に行って少し驚きました。目の前に先輩は安田大サーカスさんによゐこさん。そして同期はキンタロー。(笑)。

半年前までアイドルを目指していた女の子が、キンタロー。と一緒にボイストレーニングしているシュールな絵。さすがに、「事務所、間違えたかな?」と気づきました(笑)。でも、1年目からガンガン売れていくキンタロー。を見て嫉妬したんです。「なんで?」って言われても、わからない。街で名前を聞くたび嫉妬。悔しかった。

一方、私は…というと、実はめっちゃ好スタートを切りまし

ホームドラマチャンネルで放送される『食べドラ２』の主演を務めさせていただくことに。事務所に特大のポスターが貼られていて看板を背負う覚悟みたいなものが芽生えました。

大師匠。鶴光師匠のアシスタントに就任。寛大な優しさの中で勉強させていただき感謝です。もちろんお美和子様も♡

た。オーディションは全部受かる！　カンタンじゃん!!　みたいな感じ。所属後すぐ受かったのが日テレジェニックを決めるオーディション番組でした。加藤あいさん、眞鍋かをりさん、小倉優子さんなどを輩出した日テレジェニックになるべく、若い女の子がその席を争う趣旨の番組。所属と同時にいきなり地上波なんてすごい!!　最高のデビュー!!　でも、そこで私はまた大きな挫折を味わうことになるのです。

応援に駆けつけてくれたファンはゼロ

番組は投票制のオーディション番組。最初のイベントは、候補生の女の子の前に応援しているファンがずらりと並び次々に投票していくというものでした。

私の左右には、後に選ばれることになるベテランの二人。１番後ろが見えないほど長蛇の列を作る大人気の二人に挟まれた私の前には０人。誰もいませんでした。

デビュー１日目のお仕事でしたし、自分を知ってもらう術も

スパット4×netkeibaの予想番組『スパット的中大作戦』でインタビューの経験もさせていただくことに。関係者の皆さんの馬やレースに対する想いを実際に感じることができる貴重な時間です。

挫折の後に出した答えが競馬

ないと理由は明解なのですが、とにかく恥ずかしさと惨めさで心はズタズタに。

「誰か、来てください！」

泣きながらひたすら声を出していたのを覚えています。今、バッシングをされても有り難いとさえ思えるのは、誰にも相手にされないことが何より辛いってことを、この時知ったから。

そんな挫折が響いたのか、軽度のうつ状態になり1年目で掴み取った仕事は次々と終了。ひたすら悶々とした日々を過ごしていました。でも、このままじゃ終われない。そんな自分と向き合った末に出た答えが「競馬」だったんです。

競馬が好きって言っていいのかな？　今まで自分のことを隠しながら学生時代を過ごしてきた私にとって、それは勇気のいることでした。でも、もともとは勝負することが大好きな性格。

GⅠレースに現地の競馬場で主役としてステージに立つことができた初めてのイベントが2018年の桜花賞。本当に沢山のみなさんが来てくれ大感動。いつも温かい声援をくれるみなさんが大好き！

20歳になったとき、競馬についての知識量、情熱ならタレントとして誰にも負けない自信がありました。

『ここでなら私は勝てる』。競馬新聞に掲載されている細かな数字が、苦手という女の子は多いけど、理系の私はむしろ好き。それに競馬の中でも調教タイムなら、男の人にすら太刀打ちできる自信もある。そして何より20歳からスタートが切れる。タイミングはばっちりでした。

競馬の中で一番納得できたのが調教

19歳にしてタレント活動としての方向性が決まりました。ただ、「私は競馬が好きです！」なんて20歳そこそこの女子が言ったところで見向きもされないのは百も承知。競馬ファンが納得できる予想をする必要がありました。馬券が買える20歳になるまで(12年12月)、とにかく研究と勉強を重ねセンスを磨きあげることに。

最初は片っ端から色々試しました。血統の分厚い本を何冊も

競馬ファンなら必須のグリーンチャンネル！　競馬タレントとしてグリーンチャンネルに出演させていただくことはとても誇りです。

買ってきてひたすら勉強してみたり、上がりタイムからオリジナルのデータを作ってみたり。でもやっぱり最終的にしっくりくるのは調教でしたね。最初はそのレースの過去の傾向から馬券圏内にきた馬達の追い切った場所に注目。だんだん慣れてきたら今度は時計の出し方、その次は映像を見て感じる感覚を養ったりと一つ一つ追求しました。

調教予想に自信を持つと今度は表現方法を考えます。とにかく最初は「変な奴が現れた！」というインパクトが重要。いつか調教について分かりやすく教える立場になるためにも、最初は難しい専門ワードをあえて早い口調で話す練習を重ねました。

競馬ファンはビックリしているぞ！

そして、いよいよ20歳に。デビューから始めていたブログに競馬の予想を載せることに。競馬ファンはみんなビックリしているぞ！　とワクワクしながらコメント欄を見ていると…。

「なこちゃんが競馬をするなんてショックです」

正しいと思って、突き進むしかない

「まだ20歳なんだから、安易に競馬なんて手を出さないほうが良いですよ」

否定の嵐。実際アクセス数も、もともと少なかったのですが１０００〜１２００件が８００件まで落ちました。１年間、下準備して勉強した競馬が、１回目にして２００アクセス、応援していた人を離していったんです。

「タレント・天童なこちゃんが好きな人は、競馬予想家・天童なこは好きにならない」

不安もありました。それでも私にはこの方法しかなかった。突き進むしかない！　と決めました。だって、あれだけ悩んで見つけた競馬です。簡単に諦められません。

するとそんな中、幸運なことに『イチオシ大予想ＴＶ馬キュン！』のオーディションがあり、20歳にして早速、競馬番組のレ

大阪サンスポさんの終面一面予想「NAKOにおまかせ！」。毎週担当記者さんに原稿を提出し、チェックや手直しをしていただきます！　いつも読みやすい紙面にして下さり感謝!!

初めてのプレゼンターは東京競馬場。銀蹄Sをアンズチャン騎乗で制した三浦皇成騎手や関係者の方々に花束を渡しました。緊張した〜。

ギュラーが決まったのです。事務所に「競馬番組のオーディションがあったら全部行く！」と伝えたのですが、いまは競馬番組自体の数が少ない（当時は何も分かっていないから、次々競馬番組のオーディションがあると思っていたんです）、そんな中、『馬キュン！』に出させてもらえたご縁は超奇跡。変な私を面白がって受け入れてくれた『馬キュン！』には感謝しきれません。

YouTubeは、カメラも編集も全て一人で

それと14年から始めたYouTube予想。これも私の味方になってくれました。

実はあのYouTube予想動画は、カメラも編集も全て自分のiPhoneを使って一人で作っていました。なんか自作って恥ずかしいし、やってもらっている感を出していた気もするんですが、まぁ正直すんごく大変でした（笑）。それでも的中して一緒に喜んでもらえるのは本当にうれしかったし、再生回数もグングンと伸びていくのが心の支えでした。16年の有馬記

2018年のホープフルSはJRAイベントでキャプテン渡辺さん、チョコレートプラネットさんと共演☆

念で16万再生を突破した時は、泣けるほどうれしかったです。

　あと一つの転機となったのは15年に出演したグリーンチャンネルの『ガチンコ馬券ダービー』で優勝。そしてその一年後、初めて出演した『うまンchu♡』の馬券女王コンテストでも優勝できたことです。磨き上げた自慢の馬券術を披露させていただけたのも有り難かったし、やっぱり勝つのは楽しい!!　この優勝を機にイベントやテレビ出演も一気に増えましたね。

趣味の延長線上で予想を出してるわけではない

　話は変わりますが、よく、「プラス収支なら勝負する平場のレースの予想、買い方、金額配分、全部公開してよ」というお言葉をいただきますが、絶対に嫌です。何で見せなきゃいけないの？　って思います。

　私にとって勝つことが楽しいのであって、全てを公開したら勝てなくなっちゃうじゃないですか(笑)。ただでさえ最近不調なのに、収支を公開するのは財布の中を広げて見せるようなも

大井競馬場・分譲の小林牧場へバスツアーイベント☆　坂路を実際に歩いたのですが…。ポリトラックに足を取られ疲れ果て、脇にある普通の道を歩いて登ったのは秘密。

ので恥ずかしいのもあります。

それに重賞の予想を公開しているのは、「調教予想」というスタイルでのタレント活動がしたいから。趣味の延長線上で予想を出しているわけでも、TVに出ているわけでもありません。

競馬タレントのエンターテインメント

仕事がきっかけで競馬をはじめるタレントさんは多くいらっしゃいますが、私は〝競馬予想を武器に、タレントとして活動させていただきたいと道を切り開いてきた身〟。私のやりたいスタイルで活動している方がいなかったので、お手本にできる人がいませんでした。

YouTube予想も今では予想を配信されている方が大勢いますが、私が始めた時は一人いるかどうか。だから、私自身がこの道のタレントの前例にならなきゃいけない。

前例になる以上は希望を持ってもらえるような姿勢を見せて

ホームドラマチャンネルのCMに出演☆ 昔懐かしの番組を紹介ということでまさかの聖子ちゃんカットでセーラー服。むちゃくちゃ恥ずかしかった〜。

なきゃいけない。今ではそう考えています。

タレントはエンターテインメントを提供するプロでなくてはならないと思っているので、予想を武器とするタレントは、どんな表現で何レース予想を公開することが楽しさを感じてもらうのにベストか。ＳＮＳを使うなら何が良いか、更新頻度、時間はどうするのか。などなど未熟ながらも徹底的に研究しています。

馬券も競馬も楽しんで欲しいから

もちろん重賞レースでも『うまンｃｈｕ♡』のイチオシ馬でも、メディアやイベントで発表する以上は、いい馬券をとって喜んでもらいたい!! というのは大前提。

競馬の楽しさを伝えるタレントとして活動していきたい気持ちと、単純に勝ちたいという自分の気持ちのバランスを取りながらこれからも精進していきます。

なので有料で予想を販売するつもりもありません。

そんな私ですが、実は昨年一気にモチベーションが下がって

お昼の競馬中継番組『KEIBA BEAT』にゲスト出演！ 初めての出演は2014年東海テレビさんの東海Sのレース日！ 初の中継にテンパり、豪快に噛み倒したあげくハズしたというのは忘れられない思い出です(恥)。

しまい苦しい時期を経験しました。目標にしていたことが達成され、やる気が起きなくなる、いわゆる「夢ロス」。これだけ聞くと自慢かよと思われてしまいそうですが、自分がこの先どこに向かったらいいのか分からないって、物凄く辛いんです。特に私は挫折を繰り返したからこそ、考えに考え、計画的に真っ直ぐしか歩いていなかったので道が断たれた感覚でした。

800アクセスしか見てもらえなかった私の言葉が今、キオスクに並んでいる感動…。NMBのオーディションを落ちた頃AKB48のトップで活躍されてた小嶋陽菜さんと一緒の画面に映る感動…。もうこれ以上頑張って、何があるの？ って。

競馬が教えてくれた1つの答え

目標が達成できれば幸せになれる。そう思っていましたが、それは大きな勘違いということを痛感しました。もちろんその気持ちがあったから、ここまで頑張って進んでこれたのも事実。でも振り返れば自分の心を置いてけぼりにして、どんなにキ

カンテレ『うまンchu♡』で毎週イチオシ馬コーナーに出演。馬券対決で優勝させていただいたり、山内健司さんの助っ人をしたり、馬券生活に挑戦したり…。天童なこを『うまンchu♡』なしには語れません。

ツくても目標のためにと、心を犠牲にしてしまっていたことに、ようやく気が付いたのです。

私は目標を持つのをやめました。自分が考える目標はあくまで努力の方向を定めるベクトルに過ぎず、それが全てではない。私は現状打破しようと、何も分からず松竹芸能に入り、競馬の道へ進みました。その結果、私がオーディションを受けた時にNMB48を運営していた吉本さんの芸人さんに評価され、AKB48にいた小嶋陽菜さんと共演することになりました。そんな未来を考えて、事務所も仕事も選んだわけではありません。自然と導かれて、ここまでやってきただけなんです。

今を楽しむ。

よく聞く言葉ですがこの半生の経験で腑に落ち、しっかり自分の言葉になりました。心地よい瞬間の連続こそが、目標を超えた想像もできない未来を作る。今後も挫けそうになったとき、がむしゃらにたどり着いたこの一つの答えが私を助けてくれるはずです。

PART 04

天童なこ
炎の10番勝負

ガチ勢も
ふるえた！

マイネルサージュの最終追い切りは南Wで併せ馬。10馬身以上前に併走馬を行かせたうえで、ラストはしっかり脚を使い馬体を併せてフィニッシュ。時計は69・9―13・2と、そこまで目立つ時計ではなかったのですが、意欲的な調教内容を評価して本命にしました。

しっかり2着に入ってくれたんだけど、多くの人から寄せられた声は、マイネルサージュではなく「どうして単勝万馬券のメドウラークを対抗にできたの？」ってこと。しかもメドウラークは調教映像自体がなかったんです。

それでも、なぜ対抗にできたかというと5走前。ブラックバゴが勝ったアンドロメダSで、一番の上がりを使って追い込んできたことを覚えていたから。ただ、その後は2000mを使わず、1800mやマイルを使って大敗を繰り返していただけに、2000mの七夕賞で名前を見つけたときは軽く『ヨッシャ！』という気持ちになりました。もちろん調教もタイムだけでしたが栗東坂路で52・7―24・9―12・5と状態も良さそうでしたし、他に狙いたい馬もいなかったのもあります。

ただ◎も○も追い込み馬。『ハイペースになって、うまく併せて追い込んで来たら良いな～』くらいの気持ちで見ていたら、マイネルミラノやバーディーイーグルがビュンビュン飛ばしてくれて、思い描いていた通りの展開に。馬連で232倍。こんなうれしいことはないです☆

2018年 7/8 sun

七夕賞 福島 芝 2000m 3歳以上

マイネルサージュ本命は当然！ なぜ単勝万馬券馬を対抗に？

RACE 01

てんなこ快心の調教予想

◎マイネルサージュ（4番人気）
○メドウラーク（11番人気）

馬連232.5倍

天童なこ
@tendonako

七夕賞一絆!!!!
馬連万馬券キターーー♪───O（≧▽≦）O────♪

○メドウラーク
◎マイネルサージュ

馬連２３２．５倍的中でしたー

サージュ&メドウラークありがとう

メイク中だったので嬉しくて暴れてたら怒られたなう（；ω；)笑
浴衣も楽しみ!!#七夕賞

♡ 1,659　16:03 - 2018年7月8日

レース結果

1着 ④メドウラーク
2着 ⑤マイネルサージュ
3着 ⑧パワーポケット

単勝④1万80円　複勝④1290円⑤260円⑧2660円
馬連④⑤2万3250円　3連複④⑤⑧29万3520円
3連単④→⑤→⑧256万3330円

福島 11R　WIN5⑤　発馬15.45　第54回　福島競馬場開設記念　国際(指)サラ三才上オープン・ハンデ　七夕賞 GⅢ

	1	2	3	4	5	6	7	8	9	10	11	12
枠	1	2	3	4	5	5	6	6	7	7	8	8
父	マンハッタンカフェ	メイショウサムソン	ブラックタイド	タニノギムレット	ハービンジャー	ハービンジャー	ステイゴールド	エンパイアメーカー	ブライアンズタイム	ハービンジャー	ステイゴールド	タニノギムレット
馬名	プラチナムバレット	キンショーユキヒメ	マイネルフロスト	メドウラーク	マイネルサージュ	サーブルオール	ワンブレスアウェイ	パワーポケット	バーディーイーグル	レイホーロマンス	マイネルミラノ	シルクドリーマー
母	スノースタイル	アップルティー	スリースノーグラス	アゲヒバリ	サオヒメ	モンローブロンド	ストレイキャット	タカフグリーン	ホームスイートホーム	スズカローラン	パールバーリー	ドリームキセキ
毛色	芦毛	芦毛	芦毛	鹿毛	鹿毛	鹿毛	黒鹿	黒鹿	鹿毛	鹿毛	栗毛	鹿毛
斤量	57 ±0 牡4	54 -1 牝5	57 ±0 牡7	54 -3 牡7	55 -2 牡6	55 -2 牡5	53 -2 牝5	50 -7 牡6	53 -4 牡8	51 -4 牝5	57 ±0 牡8	53 -4 牡9
騎手	岩崎	北村宏	柴田大	丸田	津村	戸崎圭	石橋脩	江田照	柴田善	内田博	田辺	石川
厩舎	河内	中村	高木	橋田	鹿戸雄	萩原	古賀慎	中野栄	国枝	橋田	相沢	黒岩
賞金	1800	4150	4500	2100	3450	2250	2800	1200	2450	1875	7500	2250
総賞金	9170	13,760	25,446	10,301	12,015	7970	10,360	5784	10,066	7882	23,970	12,326
馬主名	ノルマンディーTR	磯野日出夫	ラフィアン	吉田勝己	ラフィアン	キャロットF	サンデーR	柳原達也	里見美惠子	永井啓弌	ラフィアン	シルクR
牧場名	岡田S	社台F	[illegible]	ノーザンF	レイクヴィラF	ノーザンF	白老F	ダイヤモンドF	千代田牧場	辻牧場	ビッグレッドF	笠松牧場
佐藤直	注	○			◎	▲	△			△	△	
小野智	注	▲	○	△	△	◎	△				△	
久光	注	△		▲	△	○	△		△	◎		
西田	△	○	◎		△	▲	△			注	△	
伊利	▲	△	◎		注	○	△			△		△
本紙武井	△ 西	注 西	B ○	西	△	◎	△		B	▲ 西	B △	
芝 1600/1800/2000/2200	阪1455⑤ 東1593④ 京2152①	三1099⑧ 福1468① 京1595⑪ 中2144③	函2249③ 阪1467① 新1581⑥ 中2123④	阪1339⑪ 阪1460⑧ 新1590⑨ 京2137⑥	函2241① 中1481⑨ 東1592③ 中2151①	東1339① 函1466② 中1599①	新1340① 東1469② 阪1591② 函1210②	東2048⑧ 芸2370⑪	東1450① 新1591⑯	京1365⑧ 福1474⑤ 阪1598⑥ 京2129②	東1345⑤ 東1450③ 新1579⑧ 中2134⑪	京1333⑥ 阪1472⑮ 新1595④ 中2126⑦
芝上り/ゲート上り	大33.3②	幸32.9④ ダ41.1⑫	大33.3④	幸33.8① ダ38.0⑦	函33.5②	大32.5⑥	大33.0①	幸35.4⑧ ダ36.1⑥	大33.2① ダ34.9⑤	幸33.9⑥ ダ38.8❷	大33.9⑦	函32.5③ ダ35.7⑧
ダ1600/ダ1800		ダ1564⑫		ダ2062⑨ ダ1532⑦				ダ1351⑥ ダ1502❶	ダ1358⑤ ダ1531①	ダ1301❷		ダ1246⑧ ダ1535⑮
芝コース重の実績	○0000	○0000	○0003	○0032	○0100	○0001	○0000	○0000	○0002	○0000	○0105	○1001
母の父	ホワイトマズル	サンデーサイレンス	グラスワンダー	クロフネ	サンデーサイレンス	アドマイヤベガ	ストームキャット	タマモクロス	シーキングザゴールド	サンデーサイレンス	[illegible]	フジキセキ
兄弟馬	スマートレイアー	ランリーナ	ミサキマキバオー	イノンディスタンス	ジュンマシュウ	ビキニブロンド	キャットコイン	ダイヤヘルメス	バーディバーディ	スズカデヴィアス	マイネパール	初仔
距離別勝利度数 千六のみ	1 1 1 0	0 3 2 0	0 1 3 0	2 2 0 0	1 1 1 0	0 2 1 2	0 0 3 2	0 0 2 1	0 0 3 1	1 1 1 0	0 5 2 1	0 1 0 1
千七含む	0 0 1 0	0 1 1 0	0 3 0 0	2 2 0 0	0 1 0 0	0 1 1 0	0 1 1 1	0 0 1 1	0 0 0 2	1 1 0 0	0 1 2 1	0 0 0 0
二千のみ	0 1 1 0	1 0 1 0	0 2 0 0	0 1 2 0	0 2 0 0	0 0 1 0	0 0 0 0	0 0 0 1	0 1 1 3	0 0 1 0	1 1 1 1	0 0 0 1
二千三～	0 1 2 0	0 7 8 0	5 11 5 0	1 6 6 7	1 4 2 0	0 0 2 2	0 1 3 2	0 1 11 4	0 6 11 2	0 5 3 2	3 14 8 5	1 1 4 7

なぜ、こんな前のレースをしっかり覚えているかというと、競馬を始めた当時、一番高額の馬券を当てたから。私が20歳になったのが2012年の12月。競馬を普段からしている人なら分かると思いますが、そう簡単に万馬券なんて初心者の頃はポンポン当たらないんですよ。毎週、真剣に予想しても大きな配当は、なかなか手に入らなかったから、このときは本当にうれしかったですね。

正直、どうしてコパノリチャードを選んだのかは覚えていないので、その時のブログを見てみると、

『いつも通り、西の短距離戦なので、栗東坂路で調教をしている馬を中心に考えます』

2014年 3/2 sun

阪急杯	阪神 芝 1400m 4歳以上

光って見えたコパノリチャード 競馬を始めた頃の一番の高額馬券！

なんか初々しい(笑)。次走の高松宮記念も逃げ切り勝ちするほどの馬なので、このときは休み明けだったけど、きっと光って見えたんでしょうね。

左ページにあるように、翌日には超ウキウキのブログをアップしていました。

この日は、中山記念を見に中山競馬場に行っていて、阪急杯もそこで観戦。中山記念も阪急杯同様にガッツリと馬券を当てたみたい(ブログを見て思い出した)で、今までの競馬人生の中で、一番テンション高く家まで帰った気がします。

ちなみに、その中山記念の勝ち馬は大好きジャスタウェイ。もう産駒がクラシックに出ている！ そりゃ私も、大人の色気が出る…はず!!

てんなこ快心の調教予想

◎コパノリチャード（2番人気）

3連単665.3倍

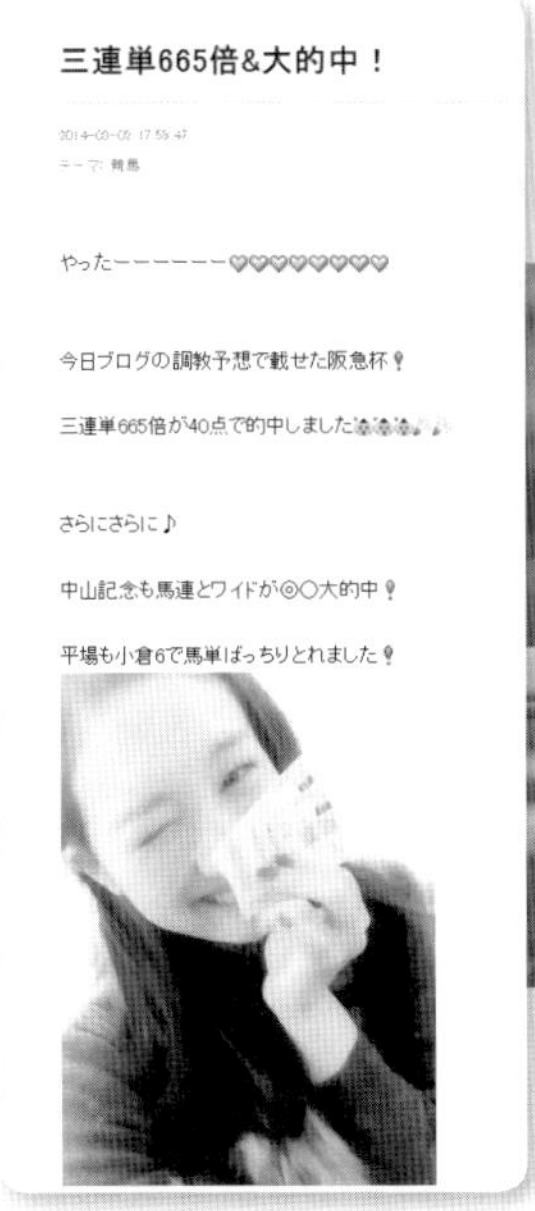
三連単665倍&大的中！

2014-03-02 17:55:47

テーマ：競馬

やったーーーーーー♡♡♡♡♡♡♡

今日ブログの調教予想で載せた阪急杯！

三連単665倍が40点で的中しました

さらにさらに♪

中山記念も馬連とワイドが◎○大的中！

平場も小倉6で馬単ばっちりとれました！

レース結果

1着 ①コパノリチャード
2着 ⑥サンカルロ
3着 ⑦レッドオーヴァル

単勝①480円　複勝①230円⑥370円⑦390円
馬連①⑥3610円　3連複①⑥⑦1万3480円
3連単①→⑥→⑦6万6530円

阪神 11R（メインレース） 発馬 3.35 第58回 阪急杯（GⅢ） (特)国際・サラ四才上オープン・別定

馬番	枠	馬名	父	母	毛色	斤量 性齢	騎手	厩舎	賞金	総賞金	馬主名	牧場名	印	持ち時計	芝上り / ダート上り	ダ1200 / ダ1400	芝コース別の実績	母の父	兄弟馬	距離別勝利度数
1	1	コパノリチャード	ダイワメジャー	ヒガシリンクス	黒鹿	57 牡4	浜中	宮	5500	12,730	小林祥晃	ヤナガワ牧場	△注▲注◎注	京1208⑪ 京1330④ 1595⑮	34.0⑪		0000	トニービン	サイモンロード	0220 0100 0000 0310
2	1	パーバラ	ディープインパクト	ディキシーランドジェム	黒鹿	54 牝5	武幸	小崎	2100	6915	ヒダカBU	キヨタケ牧場	◎▲	小1069① 京1217④	33.5⑥		0000	ディキシーランドバンド	ジャズ	0005 0000 0001 0013
3	2	タマモナイスプレイ	フジキセキ	ホットプレイ	鹿毛	56 牡9	国分優	南井	4450	16,788	タマモ(株)	富成牧場		小1078⑩ 阪1203① 中1324⑥ 阪1457②	33.3⑤ ダ39.3⑬	ダ1257⑬	0010	ノーザンテースト	タマモホットプレイ	1240 1200 0301 2 12 12 3
4	2	パドトロワ	スウェプトオーヴァーボード	グランパドドゥ	鹿毛	56 牡7	後藤	鮫島	10,450	26,565	吉田照哉	社台F	◎△	中1073⑯ 阪1205① 東1337⑯ 千54.2①	千32.2①		1000	フジキセキ	ミスターセックマン	0017 0002 0112 01210
5	3	マヤノリュウジン	キングヘイロー	ポットブリリアンス	栗毛	56 牡7	丸田	庄野	2255	9855	田所英子	前川牧場	△△△◎	小1073③ 新1208② 福1517⑮	33.3⑨	ダ1443① ダ1282 1	1000	キングダローリアス	マヤノクレド	0013 0011 0002 1013
6	3	サンカルロ	シンボリクリスエス	ディーバ	黒鹿	56 牡8	吉田豊	大久保洋	15,275	47,180	社台RH	白老F	注△△△東	中1070⑥ 京1200④ 東1328⑬ 東1479③	33.1⑩ ダ37.1⑪	ダ1252⑪	1000	クラフティプロスペクター	姫任	0240 0012 1221 18118
7	4	レッドオーヴァル	ディープインパクト	コートアウト	鹿毛	54 牝4	川田	安田隆	3150	7110	東京HR	社台F	△△△	阪2278⑰ 京1212④ 京1330⑧ 阪1491⑬	33.3②		1001	スマートストライク	ストロングリターン	0020 0110 0000 1210
8	4	ウエストエンド	ビヴォタル	ステージスクール	鹿毛	56 牡6	藤田	白井	2450	9804	シェイク・モハメド	ダーレー・ジャパン・ファーム		小1088⑩ 京1201① 京1354⑩	33.0⑦		1102	サンデーサイレンス	エンジェルスー	0041 0031 0020 03163
9	5	ラトルスネーク	タニノギムレット	ワシントンシティ	黒鹿	56 牡6	バルジュー	須貝尚	2250	9700	吉田和美	ナイヘイ牧場	△◎△△△△	京1078⑤ 東1196① 阪1345④ 京1503 2	32.4⑤		0100	ワゴンマスター	ナイタルベイスン	0050 1010 0002 0451
10	5	ガルボ	マンハッタンカフェ	ヤマトダマシイ	青毛	56 牡7	石橋脩	清水英	8400	29,630	石川一義	高村伸一	▲△△△▲東	札1097⑪ 阪1203② 東1318⑤ 福1480⑧	33.5⑦ ダ37.7⑪	ダ1365⑪	0000	ジェネラス	アイエムエナジー	0310 0340 0210 31351
11	6	エピセアローム	ダイワメジャー	ラタフィア	栃栗	54 牝5	松山	石坂	3775	16,170	吉田勝己	ノーザンF	△△	中1070④ 阪1216⑨ 阪1355⑧ 阪2270⑲	33.0⑦		0000	コジーン	ラターシュ	0103 0201 0001 0223
12	6	(外)サンレイレーザー	ラスカルスズカ	サンレイクイン	鹿毛	56 牡5	和田	高橋忠	1690	10,440	永井啓弐	岡野牧場	△△▲▲△	札1110④ 函1334④ 京1327② 東1458③	33.2①	ダ1139③ ダ1434 3	0000	コジーン	サンレイジャスパー	0300 0200 1100 3302
13	7	ダノンシャーク	ディープインパクト	カーラパワー	鹿毛	56 牡6	小牧	大久保龍	7600	29,540	ダノックス	下河辺牧場	○○○○○◎	1593③ 京1207④ 東1316⑤ 東1453⑤	33.2③		0000	カーリアン	レイカーラ	3300 2500 0400 1310
14	7	カレンブラックヒル	ダイワメジャー	チャールストンハーバー	黒鹿	57 牡5	秋山	平田	5550	24,100	鈴木隆司	ノーザンF	△注◎注△	1577⑮ 東1324⑩ 東1450①	34.3① ダ39.0⑮	ダ1379⑮	1000	グラインドストーン	ショウナンアルディス	1400 0000 0000 0400
15	8	プリムラブルガリス	フレンチデピュティ	プリムローズイッツ	鹿毛	56 牡4	四位	庄野	2400	6250	吉田照哉	社台F	△	小1088① 1213① 京1339⑫	32.9①		0000	サンデーサイレンス	フェータルローズ	0121 0200 0001 0410
16	8	シャイニーホーク	フジキセキ	スプリングネヴァー	栗毛	56 牡6	幸	橋口	3300	10,730	小林昌志	猪野牧場	△△△	小1078① 阪1205① 新1331⑧ 小1470⑧	33.3①		0000	サクラユタカオー	ダイタクバートラム	0141 0030 0020 1553

これはGIを当てて、気分が上がった最高のレースです。もちろん馬券が当たったこともうれしいけど、前夜のTV番組『馬好王国』や当日の東京競馬場で行なわれていたイベントでも、ジュールポレールを推していたので、〝タレント妙味に尽きる〟というのは、まさにこのことだなと思いました。

だけど、実際はちょっと残念なエピソードがあって、いつもはモニターで見ることが多いのですが、イベントで現地にいたので、生で観戦していたんです。その時、遠くから見ていたのがアダとなり、ジュールポレールじゃなくて、なぜか同枠のラビットランを目で追っていたんですよね。直線半ばで馬群に沈む姿を

2018年 5/13 sun

ヴィクトリアマイル　東京 芝 1600m 4歳以上 牝

ジュールポレールが来てくれて、すべてがバチッとハマった！

見て…。でも、ゴール板を過ぎる時に、リスグラシューの内から黒い帽子が通ったように見えた気がしたので、横のおじさんに「何が勝ちました？」って聞いたら、ジュールポレールだと…!?。

だから、東京競馬場で10秒ほど時差があってから、絶叫していたのは私です（笑）。GIは3連単を買うと自分の中で決めていることですし、番組で紹介するために単複も買っていたこと。ジュールポレールが1着に来てくれたおかげで本当にすべてがバチッとハマったレースでした。

ちょうど、馬券の調子が悪かったころなので、今までの苦労が一気に報われた気がしましたね。

RACE 03

てんなこ快心の調教予想

◎ジュールポレール (8番人気)
○リスグラシュー (1番人気)
☆レッドアヴァンセ (7番人気)

単勝19.4倍　複勝4.0倍
馬連40.9倍　3連単636.4倍

レース結果

1着 ④ジュールポレール
2着 ⑯リスグラシュー
3着 ⑥レッドアヴァンセ

単勝④1940円　複勝④400円⑯170円⑥350円
馬連④⑯4090円　3連複④⑥⑯8850円
3連単④→⑯→⑥6万3640円

東京 11R　WIN5⑤　発馬 3.40　第13回 ヴィクトリアマイル (GI)　(指)国際 牝 サラ四才上オープン・定量

馬番	枠	馬名	父	母	毛色	斤量	騎手	厩舎	賞金	総賞金	馬主名	牧場名	予想(佐藤直・小野智・久光・西田・伊利・本紙武井)	持ち時計	芝上り / ダート上り	ダ1200 / ダ1600	芝コース別の実績	母の父	兄弟馬	距離別勝利度数
1	1	レッツゴードンキ	キングカメハメハ	マルトク	栗毛	55 牝6	岩田康	梅田智	12,660	38,765	廣崎利洋HD	清水牧場	△ ・ ・ △ ・ △	芸1074⑧ 阪1201⑤ 東1329⑩ 阪1459④	芸32.9⑨ ダ37.0⑤	ダ1367⑤	◎0020	マーベラスサンデー	マルトクスパート	1110 0403 1112 1413
2	1	ミスパンテール	ダイワメジャー	エールドクラージュ	鹿毛	55 牝4	横山典	昆	8350	16,620	寺田千代乃	三嶋牧場	▲ ▲ 注 ▲ ・ ▲	芸1329① 京1230① 阪1335② 阪1463⑩	芸33.3①		○0000	シンボリクリスエス	コルポノワール	0310 0100 0000 1100
3	2	(外)ラビットラン	タピット	アミーリア	栗毛	55 牝4	川田	角居	3500	8880	吉田和子	アメリカ	注 ・ ◎ ・ ・ △	芸2009❹ 芸1343① 阪1455①	芸33.0① ダ36.5⑤	ダ1255① ダ1391②	○0001	ディキシーランドバンド	アサクサデンエン	1110 0100 0000 1300
4	2	ジュールポレール	ディープインパクト	サマーナイトシティ	鹿毛	55 牝5	幸	西園	2100	11,395	G1レーシング	白老F	△ ・ △ ・ △ △	芸2012③ 三2156⑤ 阪1338① 京1481①	芸32.8①		○0010	エリシオ	サダムパテック	1400 0100 0200 0200
5	3	レーヌミノル	ダイワメジャー	ダイワエンジェル	栗毛	55 牝4	和田	本田	8350	20,230	吉岡實	フジワラF	・ ・ ・ ・ △ ・	小1080① 阪1201⑦ 東1337④ 阪1463⑨	芸34.2②		◎0001	タイキシャトル	ダイワデッセー	0102 0020 0100 1212
6	3	レッドアヴァンセ	ディープインパクト	エリモピクシー	黒鹿	55 牝5	北村友	音無	3300	11,232	東京HR	ノーザンF	△ △ ・ ・ ・ ・	芸1591⑤ 京1217④ 阪1334⑧ 新1461⑪	芸33.1①		○0001	ダンシングブレーヴ	クラレント	1300 1400 0000 1320
7	4	カワキタエンカ	ディープインパクト	カワキタラブポップ	鹿毛	55 牝4	(替)大野	浜田	4500	11,020	川島吉男	木田牧場	・ ・ ・ ・ △ ・	芸2009❺ 阪1338⑤ 阪1457②	大33.9[2]		○1011	クロフネ	カワキタピリカ	3000 3000 0100 0300
8	4	クインズミラーグロ	マンハッタンカフェ	ジャストトゥートゥー	黒鹿	55 牝6	藤岡康	野中	3950	15,530	クイーンズ・ランチ	富田牧場	・ ・ ・ ・ ・ ・	芸1576⑨ 新1221④ 新1333② 札1463③	大33.2[1]		○0000	インエクセス	ケイアイヘルメス	2100 2110 3110 6300
9	5	ソウルスターリング	フランケル	スタセリタ	青鹿	55 牝4	ルメール	藤沢和	11,200	24,600	社台RH	社台F	△ △ △ △ ○ △	芸2097[6] 芸2241① 阪1332① 東1461⑧	芸33.8①		○0001	モンズーン		2200 0000 0100 1100
10	5	アエロリット	クロフネ	アステリックス	芦毛	55 牝4	(替)戸崎圭	菊沢	9600	20,420	サンデーR	ノーザンF	○ 注 ▲ ◎ 注 ○	芸2014❼ 東1228① 東1323① 札1457①	芸33.5①		○0001	ネオユニヴァース	初仔	1110 1300 0000 0100
11	6	アドマイヤリード	ステイゴールド	ベルアリュールII	青鹿	55 牝5	M.デムーロ	須貝尚	4075	20,870	近藤利一	ノーザンF	・ ◎ △ 注 ◎ 注	芸2265⑮ 京1223⑧ 阪1339⑩ 京1462②	大32.9[3]		○1101	ニューメラス	ホシシゲルニーヴァ	2300 2100 1000 2510
12	6	エテルナミノル	エンパイアメーカー	ダイワジェラート	黒鹿	55 牝5	四位	本田	3900	12,950	吉岡實	フジワラF	・ ・ ・ ・ ・ ・	芸2001① 京1235⑮ 京1339① 阪1447②	大33.3② ダ38.4❶	ダ1465❶ ダ1553②	◎1001	フジキセキ	ホリーニュミノル	3200 3000 0000 5510
13	7	ワントゥワン	ディープインパクト	ワンカラット	黒鹿	55 牝5	藤岡佑	藤岡健	2250	11,086	青山洋一	社台F	・ ・ ・ ・ ・ ・	京1215② 阪1330② 京1466⑤	大32.2②		◎1000	ファルブラヴ	初仔	0230 0320 0200 1520
14	7	(外)リエノテソーロ	スペイツタウン	アキリナ	栗毛	55 牝4	吉田隼	武井	5850	11,995	了徳寺健二HD	アメリカ	・ △ ・ △ △ ・	中1087⑩ 新1212⑦ 東1325②	大34.0② ダ37.4⑦	ダ1128⑪ ダ1374⑦	○0000	ラングフール		0103 0100 0000 0322
15	7	デアレガーロ	マンハッタンカフェ	スーヴェニアギフト	鹿毛	55 牝4	池添	大竹	3100	6410	サンデーR	ノーザンF	・ △ ・ ・ ・ ・	函1086① 東1220⑤ 中1325① 中1498①	芸33.3①		○0000	スーヴェニアコピー	ベステゲシェンク	1101 0010 0000 1110
16	8	リスグラシュー	ハーツクライ	リリサイド	黒鹿	55 牝4	武豊	矢作	8800	22,160	キャロットF	ノーザンF	◎ ○ ○ ○ ▲ ◎	芸2004❷ 三2147⑧ 阪1336③ 阪1458③	芸33.0②		○0100	アメリカンポスト	プルメリアスター	1200 0300 1200 0000
17	8	デンコウアンジュ	メイショウサムソン	デンコウラッキー	黒鹿	55 牝5	蛯名	荒川	1825	11,210	田中康弘	梅野牧場	・ △ △ △ △ △	芸1593⑨ 三2139⑪ 阪1331⑤ 東1464③	芸33.2[2]		○0002	マリエンバード	初仔	1100 0100 1100 5500
18	8	メイズオブオナー	ハーツクライ	キャサリンオブアラゴン	鹿毛	55 牝4	(替)福永	藤原英	2400	5500	ロードHC	ケイアイF	△ ・ ・ ・ ・ ・	芸2001① 東1231⑦ 阪1354① 阪1464⑮	芸33.2① ダ37.4③	ダ1482① ダ1528❸	○0100	ホーリーローマンエンペラー	ロードマドリード	1100 1100 3100 1210

配当的に派手さはないのですが、競馬ファンとして日本ダービーを初めて当てたレースは選びたいです。

私は2012年の冬から馬券が買えるようになって、それまでもダービーは自分なりに予想して見ていたのですが、正直〝初的中〟までメッチャ時間がかかりました。

ブログを始めてからも13年、14年、15年と3連敗していたので、「私は一度もダービーを獲ることができない日本一不幸な競馬ファンなのかな」と思うほど。

本命理由は、やっぱり栗東坂路さま。このときは、いかにも切れそうなディープインパクト産駒がゴロゴロいたんだけど、最終追い切りを栗東で行なっている

2016年 5/29 sun

日本ダービー 東京 芝 2400m 3歳

やっとダービー的中女王に！ マカヒキは最終栗東坂路組

有力馬はマカヒキだけだったんです（キングカメハメハ産駒のエアスピネルも該当）。

前5年で4頭が勝ち上がっている最終追い切り栗東坂路組。今ブログを読めば、『そりゃ、当たるでしょ！』って思うけど、なにせ当時はダービー的中未経験者だから、『今までで一番自信のあるダービー予想』って書いたけど、ドキドキしながらレースを見ていたなぁ。

翌日のブログの第一声が『みなさま、随分長らくお待たせいたしました』。

それって、皆さんより自分に向けてかけた言葉ですよね（笑）。いまでも現役のマカヒキ。もう一度勝つところを見たいですね。

RACE 04

てんなこ快心の調教予想

◎マカヒキ（3番人気）
○サトノダイヤモンド（2番人気）

馬連14.2倍
3連単46.0倍

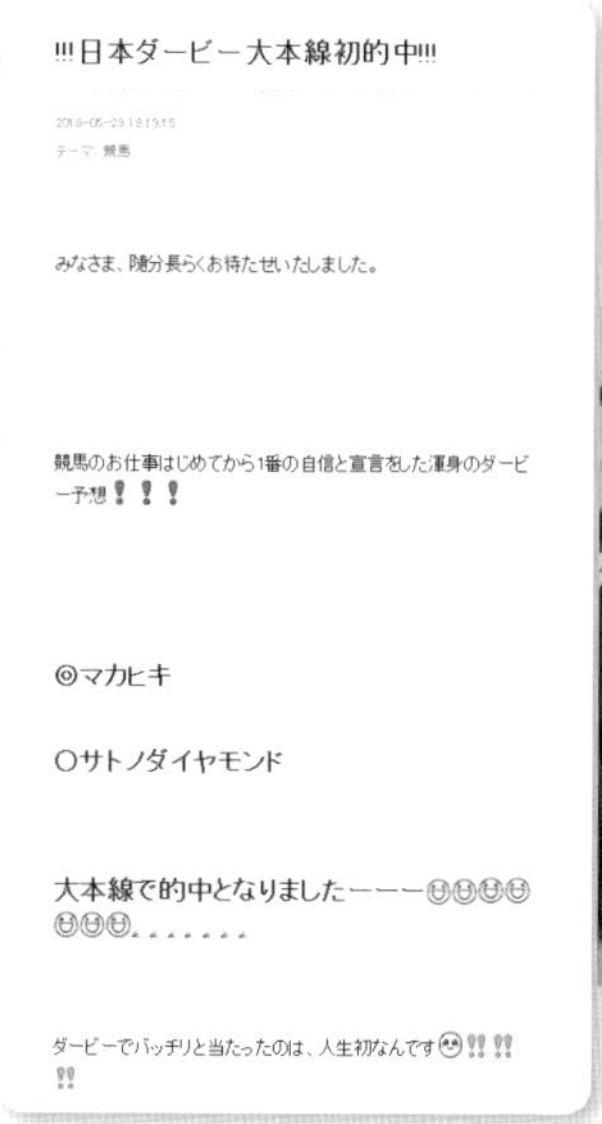
!!!日本ダービー大本線初的中!!!

2016-05-29 18:13:15

テーマ：競馬

みなさま、随分長らくお待たせいたしました。

競馬のお仕事はじめてから1番の自信と宣言をした渾身のダービー予想❗❗❗

◎マカヒキ

○サトノダイヤモンド

大本線で的中となりました一一一

ダービーでバッチリと当たったのは、人生初なんです!!!!

レース結果

1着 ③マカヒキ
2着 ⑧サトノダイヤモンド
3着 ①ディーマジェスティ

単勝③400円　複勝③130円⑧120円①140円
馬連③⑧700円　3連複①③⑧850円
3連単③→⑧→①4600円

東京 10R（メインレース） 発馬 3.40 第83回 日本ダービー （国際）・サラ三才オープン・牡57キロ 牝55キロ （東京優駿） GⅠ

枠	馬番	父	馬名	母	毛色	斤量	騎手	厩舎	賞金	総賞金	馬主名	牧場名	予想	持ち時計	芝上り	実績	母の父	兄弟馬
1	1	ディープインパクト	ディーマジェスティ	エルメスティアラ	鹿毛	57 牡3	蛯名	二ノ宮	7300	14,780	嶋田賢	服部牧場	注◎注注注○	芙1322[2] 東1474[1] 中1579①	33.5①	○0000	ブライアンズタイム	セイクレットレーヴ
1	2	マツリダゴッホ	マイネルハニー	ブライアンハニー	鹿毛	57 牡3	柴田大	栗田博	2000	4260	ラフィアン	高昭牧場	△	東1343③ 中1481③ 東2021[1] 東2260⑤	34.0❶	○1000	ナリタブライアン	クイーンフラワー
2	3	ディープインパクト	マカヒキ	ウィキウィキ	鹿毛	57 牡3	川田	友道	6100	12,000	金子真人HD	ノーザンF	○○▲▲△◎	京1477① 中1581②	32.6①	○0000	フレンチデピュティ	ウリウリ
2	4	ステイゴールド	レインボーライン	レーゲンボーゲン	鹿毛	57 牡3	福永	浅見	2800	9120	三田昌宏	ノーザンF	△	東1329③ 京1478③	33.3③	○0000	フレンチデピュティ	アニメイトバイオ
3	5	キングカメハメハ	エアスピネル	エアメサイア	栗毛	57 牡3	武豊	笹田	3600	10,000	ラッキーF	社台F	△△△△	阪1345① 中1584④	33.9①	○0000	サンデーサイレンス	エアサンビーム
3	6	ハービンジャー	アグネスフォルテ	アグネスリース	栗毛	57 牡3	松山	長浜	1500	3240	渡辺公美子	富田牧場	△	京1364[5] 小1515⑤ 京1598① 三2127②	34.5②	○0000	フレンチデピュティ	アグネスジェシカ
4	7	マツリダゴッホ	ロードクエスト	マツリダワルツ	鹿毛	57 牡3	岩田康	小島茂	5100	11,500	ロードHC	様似渡辺牧場	△△	東1329② 中1482③ 中1591⑧	32.8[1]	○0000	チーフベアハート	ピップヘラクレス
4	8	ディープインパクト	サトノダイヤモンド	マルペンサ	鹿毛	57 牡3	ルメール	池江寿	2800	7720	里見治	ノーザンF	◎注○○○▲	京1469① 中1583③	33.9[1]	○1000	オーペン	初仔
5	9	ディープインパクト	マウントロブソン	ミスパスカリ	芦毛	57 牡3	T.ベリー	堀	3600	7270	金子真人HD	ノーザンF	△△△△△	中1481① 中1586⑤	33.6②	○0000	ミスターグリーリー	ハワイアンソルト
5	10	ダノンシャンティ	スマートオーディン	レディアップステージ	黒鹿	57 牡3	戸崎圭	松田国	6600	13,740	大川徹	ヤナガワ牧場	▲△△◎△	阪1473① 三2126①	32.7①	○0000	アルザオ	タガノラルフ
6	11	ヴィクトワールピサ	アジュールローズ	ヴィアンローズ	青鹿	57 牡3	ボウマン	古賀慎	1900	3510	キャロットF	ノーザンF		東1359④ 東1592①	34.6① ダ37.2[2] ダ1389[2]	○0000	セーヴルローズ	ローズミラクル
6	12	キングカメハメハ	リオンディーズ	シーザリオ	黒鹿	57 牡3	M.デムーロ	角居	5000	10,900	キャロットF	ノーザンF	△▲◎△△注	阪1344① 中(1584)	33.3①	○0000	スペシャルウィーク	エピファネイア
7	13	ゼンノロブロイ	レッドエルディスト	ショウダウン	芦毛	57 牡3	四位	笹田	2000	3650	東京HR	ノーザンF	△△△	三2132① 京2072⑤ 東2244②	33.8①	○0000	ダルシャーン	レッドリーガル
7	14	ディープインパクト	ヴァンキッシュラン	リリーオブザヴァレー	黒鹿	57 牡3	内田博	角居	3600	7800	島川隆哉	社台F	△△△◎△△	阪1550[2] 京2022① 東2242①	33.2②	○0000	ガリレオ	初仔
7	15	マンハッタンカフェ	イモータル	ショアー	青鹿	57 牡3	石川	須貝尚	1800	3500	金子真人HD	ノーザンF	▲	東1334① 東1476[2]	32.9①	○0000	アカテナンゴ	エックスマーク
8	16	トーセンファントム	ブレイブスマッシュ	トーセンスマッシュ	鹿毛	57 牡3	横山典	小笠	2750	5880	島川隆哉	エスティF		東1331⑧ 新1253[?] 中2027⑦ 新1303①	33.3②	○0100	トウカイテイオー	エスティマラソン
8	17	ハービンジャー	プロフェット	ジュモー	鹿毛	57 牡3	浜中	池江寿	2900	5860	キャロットF	ノーザンF		京1479⑤ 中1598⑪	33.5⑤	○0000	タニノギムレット	初仔
8	18	ディープインパクト	プロディガルサン	ラヴズオンリーミー	鹿毛	57 牡3	田辺	国枝	1850	4410	金子真人HD	ノーザンF		東1369① 東1497② 中2012① 東2251④	33.4②	○0000	ストームキャット	リアルスティール

このレースは新宿のWINSで見ていました。覚えている光景は、「ルメール!!」「ラブリーデイ!!」といった声が飛び交っている中、「吉田隼人×3」を連呼する私(笑)。

レース中は、そんな私が浮いた存在で目立っていたんだけど、実際勝った後は『姉ちゃん、すごいな!』みたいな空気で、輪の中心にいたのが、すごく気持ちよかったです。そのあと、1人のおじさんに「みんなと飲みに行こう」と誘われたんだけど、さすがにお断りしました。あのまま、沢山のおじさん達と一緒に飲みに行っていたら、飲み代は全部私が出さなきゃいけなかったのかな…。

そんなゴールドアクターになぜ本命が打てたかというと、単純に調教が一番良かったから。1週前に南ウッドで80秒を切る猛時計を出してきたんですが、そんな時計を出せる馬はなかなかいないし、それだけ調子の良さが伝わってきました。

この年は調教で目についても、気になることがあって、評価を控えた馬に勝たれていたので、余計なことを考えず有馬記念は調教だけを信じて予想しました。

後に吉田隼人騎手に感謝を伝えると、「ゴール板で歓声が胸にドンッと入ってきて、今までの苦労がすべて報われた瞬間でした」とすごく感動的な言葉をもらいました。その歓声の中にきっと小さいでしょうが、新宿WINSで「吉田隼人!」と叫ぶ私の声も混じっていたはずです。

2015年 12/27 sun

有馬記念 中山 芝 2500m 3歳以上

調教一番のゴールドアクターに「吉田隼人×3」と連呼する私

RACE 05

てんなこ快心の調教予想

◎ゴールドアクター（8番人気）

馬連68.4倍
3連複203.6倍

有馬記念◎ゴールドアクター!!大的中!!

2015-12-27 18:57:52
テーマ：ブログ

最後の最後にやりました😊😊😊

天童なこ、やりましたよ😊❗❗❗

本命7番人気ゴールドアクターで、

馬連68倍‼‼

3複203倍‼‼‼‼

有馬記念とりました😊😊

めっちゃくちゃ嬉しいです❗

レース結果

1着 ⑦ゴールドアクター
2着 ⑨サウンズオブアース
3着 ⑪キタサンブラック

単勝⑦1700円　複勝⑦410円⑨290円⑪340円
馬連⑦⑨6840円　3連複⑦⑨⑪2万360円
3連単⑦→⑨→⑪12万5870円

中山 10R（メインレース）　発馬 3.25　第60回 有馬記念（GⅠ）　(指)国際・サラ三才上 オープン・定量

馬番	枠	馬名	父	母（母の父）	毛色	斤量	騎手	厩舎	賞金	総賞金	馬主名	牧場名	予想（佐藤直・小野智・久光・西田・上田・本紙武井）	1800/2000/2200/2500	芝上り/ダート上り	ダ1600/ダ1800	芝コース別の実績	母の父	兄弟馬	距離別勝利度数
16	8	マリアライト	ディープインパクト	クリソプレーズ㊥	黒鹿	55 牝4	蛯名	美久保田	6400	17,048	キャロットF	ノーザンF	…・△・…・…・△・…	新1466③ 阪2006② 中2127⑤ 中2396⑪	大32.6③		○1000	エルコンドルパサー	クリソライト	2111 0010 0004 0111
15	8	ゴールドシップ	ステイゴールド	ポイントフラッグ㋮	芦毛	57 牡6	内田博	須貝尚	43,550	130,820	小林英一HD	出口牧場	△・△・△・△・△・○	東1483① 札1592② 阪2132① 中2319①	大33.3①		◎0000	メジロマックイーン	トレジャーマップ	2213 0021 2000 5200
14	7	ダービーフィズ	ジャングルポケット	マンハッタンフィズ㋮	栗毛	57 牡5	田辺	小島太	4475	15,700	社台RH	社台F	…・…・…・…・…・…	東1468⑩ 札1590③ 中2135② 東2304⑤	大33.0②		○0101	サンデーサイレンス	アプリコットフィズ	1031 1111 0111 6342
13	7	ルージュバック	マンハッタンカフェ	ジンジャーパンチ㊥	鹿毛	53 牝3	戸崎圭	大竹	4700	10,680	キャロットF	ノーザンF	▲・△・…・△・◎・△	京1486① 東2008① 京2150③ 函2251②	大32.8①		○0000	オーサムアゲイン	マミーテイラー	0012 1000 0000 0100
12	6	リアファル	ゼンノロブロイ	クリソプレーズ㊥	鹿毛	55 牡3	ルメール	音無	4750	13,110	キャロットF	ノーザンF	◎・○・▲・○・○・▲	本2034❶ 函2267① 準3040③	函34.1① ダ36.1⑯	ダ2019② ダ1515③	◎1000	エルコンドルパサー	マリアライト	1012 0001 0001 0001
11	6	キタサンブラック	ブラックタイド	シュガーハート	鹿毛	55 牡3	横山典	清水久	11,700	25,320	大野商事	ヤナガワ牧場	○・▲・○・注・△・注	中1491① 中1588③ 中2138① 函2255⑭	大34.2⑪		○0000	サクラバクシンオー	ショウナンバッハ	0112 0000 0010 1003
10	5	トーセンレーヴ	ディープインパクト	ビワハイジ㋮	鹿毛	57 牡7	ボウマン	池江寿	6425	21,210	島川隆哉	ノーザンF	…・…・…・…・△・…	東1458⑪ 中1591① 中2185⑯ 函2290③	大33.3①		○0002	カーリアン	ブエナビスタ	0043 0000 1001 1102
9	5	サウンズオブアース	ネオユニヴァース	ファーストバイオリン㊥	黒鹿	57 牡4	M.デムーロ	藤岡健	3925	17,585	吉田照哉	社台F	注・△・注・△・…・△	京1475② 阪2018③ 京2112② 中2305④	函32.8②		○0000	ディキシーランドバンド	ドミニカン	0020 2101 0010 3011
8	4	ワンアンドオンリー	ハーツクライ	ヴァーチュ㋮	黒鹿	57 牡4	浜中	橋口弘	7825	40,477	前田幸治	ノースヒルズ	…・…・…・…・…・…	東1463⑥ 東1595⑯ 阪2151⑪ 中2360⑬	函32.9⑥		○0000	タイキシャトル	オンセットスカイ	2010 0011 1000 4122
7	4	ゴールドアクター	スクリーンヒーロー	ヘイロンシン	青鹿	57 牡4	吉田隼	中川	5000	15,955	居城要	北勝F	△・…・△・◎・▲・△	函2258① 函2020① 中2157⑫ 東2340❶	函33.4①		○1000	キョウワアリシバ	ゴールデンムーラン	4110 1100 0000 1020
6	3	アルバート	アドマイヤドン	フォルクローレ㋮	栗毛	57 牡4	アッゼニ	堀	5450	12,312	林正道	ノーザンF	△・◎・△・…・注・△	東1476③ 札1597① 大1344⑦ 函2251①	大33.4③ ダ36.7⑤	ダ1395⑤	◎0101	ダンスインザダーク	ディナプラーダ	2021 0001 0002 0012
5	3	アドマイヤデウス	アドマイヤドン	ロイヤルカード㋮	栗毛	57 牡4	岩田康	橋田	3925	15,900	近藤利一	辻牧場	…・…・◎・…・…・…	東1507③ 東1592⑩ 函2248① 中2302①	準33.4⑪		○0000	サンデーサイレンス	アドマイヤドバイ	2030 0010 1001 2020
4	2	ラブリーデイ	キングカメハメハ	ポップコーンジャズ㊥	黒鹿	57 牡5	川田	池江寿	27,725	71,170	金子真人HD	ノーザンF	△・注・△・▲・△・◎	阪1477① 小1573② 京2115① 東2312⑤	函32.3①		○0000	ダンスインザダーク	キングジャズ	2232 0020 1010 4031
3	2	ラストインパクト	ディープインパクト	スペリオルパール㊥	青鹿	57 牡5	菱田	松田博	14,300	43,840	(有)シルクR	白老F	…・…・△・△・…・…	小1453① 新1583③ 京2157① 中2349③	函33.4①		○0001	ティンバーカントリー	[illegible]	2131 1110 2010 2041
2	1	ヒットザターゲット	キングカメハメハ	ラティール㊥	栗毛	57 牡7	小牧	加藤敬	11,850	37,887	前田晋二	ノースヒルズ	…・△・…・△・…・△	小1464① 福1582① 中2130⑯ 東2297①	準33.2⑪		○1004	タマモクロス	ポーカーフェイス	3051 1011 0020 8694
1	1	オーシャンブルー	ステイゴールド	プアプー㊥	鹿毛	57 牡7	石川	池江寿	11,250	26,130	青芝商事	社台F	…・…・…・…・…・…	小1514⑥ 京1586① 中2125⑦ 東2307⑤	準32.8④		○0000	ダッシングブレイド	アルメーリヒ	1150 2000 0000 6571

私の本命は単勝75・3倍のショウナンバッハ。さぞかし調教が良かったのでしょうと思われがちですが、動きは正直なところあまり良くなかったんです。

それなのに、どうして本命かといえば、この馬自身の調教パターンにバッチリと合っていたからなんです。

過去、全6勝のうち中央では4勝を挙げているのですが、その全てで最終追い切り場所は南ウッド(※中日新聞杯時点)。

・坂路 0－0－0－23
・南W 4－0－3－12

さらに馬券圏内に来たときはすべて2000m～2200mと、今回は見事に条件がハマっていました。3走前の新潟記念では、久しぶりに坂路から最終追い切りを南ウッドに戻して、13番人気と大穴を空けていたので、〝再び激走！〟を狙って本命にしました。

結果は2着。正直、完璧でした。伝わりにくいと思うのですが、予想は馬連＆ワイド＆3連複で、単勝も3連単も持っていないんです。万が一、最後の叩き合いでギベオンにショウナンバッハが競り勝てば、3連単46万馬券(相手2頭は印を打っているので)を取り損ねたことになります。それは◎ショウナンバッハが勝ったところで、私の中では勝負に負けたのと同じ。3連複とワイドのW的中を狙っていたので、◎は2着か3着。それこそが完璧な的中なんです。現地の中京競馬場で見ていたので大興奮でした☆

2018年 12/8 sun

中日新聞杯　中京 芝 2000m 3歳以上

“再び激走！”を狙って本命に12番人気ショウナンバッハ！

RACE 06

てんなこ快心の調教予想

◎ショウナンバッハ（12番人気）

馬連158.3倍
ワイド40.1倍＆73.6倍
3連複466.9倍

レース結果

1着 ⑦ギベオン
2着 ⑩ショウナンバッハ
3着 ⑫ストロングタイタン

単勝⑦370円　複勝⑦190円⑩1030円⑫540円
馬連⑦⑩1万5830円　3連複⑦⑩⑫4万6690円
3連単⑦→⑩→⑫26万4000円

中京 11R　発馬 15.35　第54回 中日新聞杯 GII　㊢サラ三才上オープン・ハンデ

	1	2	3	4	5	6	7	8	9	10	11	12	13	14
枠	白1	黒2	赤3	赤3	青4	青4	黄5	黄5	緑6	緑6	橙7	橙7	桃8	桃8
父	シーザスターズ(中)	マンハッタンカフェ	ハーツクライ	エンパイアメーカー(中)	メイショウサムソン	アドマイヤムーン(中)	ディープインパクト	ハービンジャー	ハービンジャー	ステイゴールド	ゼンノロブロイ	リーガルランサム	ディープインパクト	ハーツクライ
馬名	エンジニア	アメリカズカップ	グレイル	エテルナミノル	マサハヤドリーム	ハクサンルドルフ	ギベオン	ドレッドノータス	㊞レイホーロマンス	㊞ショウナンバッハ	メートルダール	㊥ストロングタイタン	㊞スズカディープ	マイスタイル
母	ロリーフォードリー(マ)	ベガスナイト(中)	プラチナチャリス(中)	ダイワジェラート(中)	ランペイア(中)	キングスミール(中)	コンテスティッド(マ)	ディアデラノビア(中)	スズカローラン(中)	シュガーハート	イグジビットワン	タイタンクイーン(マ)	コーマンスズカII(中)	ファーストナイナー
毛色	鹿毛	黒鹿	黒鹿	黒鹿	鹿毛	黒鹿	鹿毛	栗毛	鹿毛	鹿毛	鹿毛	鹿毛	青鹿	鹿毛
斤量	54 -3 牡5	56 -1 牡4	55 -1 牡3	54 -1 牝5	55 -2 牡6	55 -2 牡5	56 ±0 牡3	56 -1 騸5	51 -4 牝5	54 -3 牡7	57 ±0 牡5	57 ±0 牡5	53 -4 騸6	56 -1 牡4
騎手	北村宏	松山	津村	四位	北村友	藤岡康	Cデムーロ	中谷	丸山	鮫島駿	福永	アヴドゥラ	岩崎	田中勝
厩舎	牧	音無	野中	本田	今野	西園	藤原英	矢作	橋田	上原	戸田	池江寿	橋田	昆
賞金	2450	2150	2050	3900	3450	2900	3750	3700	1875	2270	4950	4150	2035	3300
総賞金	9624	9450	5400	13,950	12,804	11,480	7400	13,062	8502	11,489	17,180	13,620	4985	13,140
馬主名	高橋祐子	谷掛龍夫	カナヤマHD	吉岡實	中村政夫	河崎五市	社台RH	キャロットF	永井啓弐	国本哲秀	キャロットF	シルクR	永井啓弐	寺田千代乃
牧場名	吉田F	社台F	ノーザンF	フジワラF	社台F	チャンピオンズF	社台F	ノーザンF	辻牧場	ヤナガワ牧場	ノーザンF	アメリカ	辻牧場	猪野毛牧場
小桧山	△		△	△			注	△			○	◎		▲
広田	△		注				◎			△	○	△		▲
目黒		△	▲	△		△	○		△		注			◎
板子	注		○			△	▲	△		△	◎			△
打越	◎	△	△				△	▲			注	△		○
本紙中田	△ 東		◎			△	○	△		B △ 東	注 東	▲	B	△
芝1600	東1338①	1328⑥	2246⑭	東1337⑰	阪1328③	東1323⑥	東1328②		京1365⑧	新1327⑨	新1333⑫		東1350②	京1362⑪
芝1800	東1461⑩	京1454⑥	東1481⑦	阪1447②	京1451④	阪1453④	阪1468②	札1478⑥	福1474⑤	東1472①	東1472③	京1456⑨	小1478①	阪1490❶
芝2000	新1582④	中2005⑱	中2014⑤	函2000③	1587⑦	新2004⑧	東2015①	京1591⑫	小1576④	新1579③	新1578②	阪1572①	小1581①	福1585②
芝2200	2342⑤	2285⑰	中2125③	京2143⑮	2285⑭	1228❷	中2136⑬	京2145⑤	京2129②	中2118⑤	中2136⑥	阪2128⑪	2246⑩	2254⑦
芝上り	33.2⑤	34.0⑥	33.9⑦	33.3②	33.2⑬	32.2②	33.7①	34.0①	33.4④	32.9⑨	33.0①	34.0①	34.4①	33.1⑥
ダート上り				ダ38.4❶				ダ40.7⑩	ダ38.8❷	ダ37.0❶		ダ41.0⑨	ダ36.1⑬	
ダ1600				ダ1465❶					ダ1301❷	ダ1278❶			ダ1117⑬	
ダ1800				ダ1553②				ダ2076⑩		ダ1556⑨		ダ1556⑨	ダ1258⑫	
芝コース重の実績	◎1000	◎2000	◎1000	◎1001	◎0101	◎1201	○0000	○0001	○0000	○0001	○0000	○0200	○0000	◎1002
母の父	オラトリオ	コロナドズクエスト	ロックオブジブラルタル	フジキセキ	アグネスタキオン	シアトリカル	ゴーストザッパー	サンデーサイレンス	サンデーサイレンス	サクラバクシンオー	シルヴァーホーク	ティズナウ	シアトルスルー	フォーティナイナー
兄弟馬	初仔	オメガインベガス	ロジチャリス	カリーニョミノル	デルマトトコ	プルミラコロ	サトノルーラー	ディアデラマドレ	スズカデヴィアス	キタサンブラック	アールブリュット	レニーズタイタン	スズカスペンサー	ピーターパンブキャン
距離別勝利度数 (三千〜千二・千三〜千六・千七〜二千・二千一〜)	0 1 1 3 / 0 0 1 3 / 0 1 2 1 / 0 3 3 3	0 0 3 1 / 0 0 0 0 / 0 1 0 0 / 0 1 3 7	0 2 0 0 / 0 0 0 0 / 1 0 0 0 / 0 1 1 0	0 1 3 2 / 0 0 3 0 / 0 1 0 0 / 2 1 6 6	0 2 3 1 / 0 0 0 1 / 0 0 0 2 / 0 7 7 5	0 0 2 3 / 0 0 1 3 / 0 1 0 2 / 0 1 3 7	0 1 1 0 / 0 0 1 1 / 0 0 0 0 / 1 0 0 0	0 5 0 0 / 0 1 0 0 / 0 4 1 0 / 1 5 2 0	1 1 1 0 / 1 1 0 0 / 0 0 1 0 / 1 7 3 2	1 3 0 0 / 0 0 0 0 / 2 1 0 0 / 7 12 6 2	0 4 1 1 / 0 1 1 0 / 0 2 2 0 / 1 2 0 1	0 4 2 0 / 0 3 0 0 / 0 0 0 0 / 1 4 4 0	0 2 1 0 / 0 1 0 1 / 0 1 0 0 / 0 4 1 0	0 2 1 1 / 0 3 0 0 / 0 0 0 1 / 0 3 0 1

好位2、3番手から抜け出して勝つのも、最後方から一気に追い込んで勝つのも、予想が当たるという意味では同じだと思っていたんだけど、勝ちかたがあれだけ派手だと、なぜか『私もすごいやつだ』って空気になるということを教えてくれたのがキョウヘイです。たしかに当てて気持ちは良いんだけど、別にこっちはいつもと変わらず予想しているだけなので面白いですよね。

私のお母さんは普段は競馬を見ないので、私の予想とたまにそのレースだけを見ています。だから、お母さんにとっては強烈な勝ち方をしたキョウヘイが、未だに最強馬らしいです。

「キョウヘイ君はあまりレースに出ていないの？」「キョウヘイ君は本当に強かったわね」

と聞いてくるんです。雨で馬場が悪かったのもあり、さらに、見た目のインパクトが強烈だったんですね。皆さんに喜んでもらったという点で印象深いレースです。

そしてキョウヘイを本命にした理由ですが、この馬も坂路調教。しかも中1週と詰まったローテーションで軽めの調教だったのですが、4ハロン52秒5と速い時計を出せていました。自己ベストが52秒3なので、本当にこのときは体調が良かったんだと思います。

私にとって、シンザン記念は超相性が良いレース。その中でもキョウヘイは、強く心に残っています。

2017年 1/8 sun

シンザン記念 京都 芝 1600m 3歳

私のお母さんにとっての最強馬！体調抜群だったキョウヘイ君

てんなこ快心の調教予想

◎キョウヘイ（8番人気）

単勝27.4倍
3連複99.4倍

大好きシンザン記念も的中☆★☆

2017-01-08 17:34:55
テーマ：競馬

先日の東西金杯W万馬券的中に続き…
シンザン記念もバッチリGETでした〜

◎キョウヘイ見事優勝!! !!

単勝 27.4倍。

三連複 99.4倍。

の的中でした

最後方から脚をためてどんどん追い上げてきてくれて
差し馬本命にするとワクワクが大きいですよね〜 気持ちよかった〜
8番人気ということで単勝もしっかりといただきましたよ☆
キョウヘイありがとう☆

レース結果

1着 ⑨キョウヘイ
2着 ⑭タイセイスターリー
3着 ⑤ペルシアンナイト

単勝⑨2740円　複勝⑨480円⑭300円⑤130円
馬連⑨⑭1万8950円　3連複⑤⑨⑭9940円
3連単⑨→⑭→⑤15万1880円

京都 11R WIN5⑤ 発馬 3.45
第51回 シンザン記念（GⅢ）㈱国際・サラ三才オープン・別定

馬番	枠	馬名	父	母	毛色	斤量 性齢	騎手	厩舎	賞金	総賞金	馬主名	牧場名	印（持木・瀬古・加茂・須藤・中邑・本紙田崎）	芝1200・1400・1600・1800	芝上り・ダート上り	ダ1200・ダ1600	芝コース別の実績	母の父	兄弟馬	距離別勝利度数
1	1	ミルトプリンス	ジャングルポケット	シャフィガ	鹿毛	56 牡3	古川	中竹	400	500	永山勝敏	長浜忠	・・・・・・	中1231⑧ 阪1371① 小1523⑩	35.5⑧ ダ38.0⑭	ダ1148⑭	○0000	ウッドマン	マイネルスパイス	0100 0000 0000 1011
2	2	ブレイヴバローズ	マンハッタンカフェ	ネガノ	黒鹿	56 牡3	和田	角田	400	780	猪熊広次	下河辺牧場	△・△△△△	京1218②	34.8②		○0000	ミスワキ	ダッシャーゴーゴー	0010 0010 0000 0000
3	2	メイショウソウビ	プリサイスエンド	カクテルローズ	鹿毛	56 牡3	武幸	飯田祐	900	1732	松本好雄	高昭牧場	・・・・・・	京1091⑤ 中1216①	35.0⑤ ダ41.2⑨	ダ1269⑨	○0000	タニノギムレット	メアリーローズ	0011 0000 0000 0012
4	3	テイエムアニマンテ	カネヒキリ	セイシンアスリート	青鹿	56 牡3	松若	岩元	400	865	竹園正繼	豊心台牧場	・・・・・・	小1110⑩ 中1398⑬	36.1❽ ダ36.3③	ダ1122[4] ダ1269⑥	○0002	ナリタトップロード	セイエイノーブル	0001 0000 0001 0115
5	3	ペルシアンナイト	ハービンジャー	オリエントチャーム	黒鹿	56 牡3	M.デムーロ	池江寿	900	2340	G1レーシング	追分F	○○○○○◎	中1354① 東1492②	33.9①		○0000	サンデーサイレンス	ファシーノ	1100 1000 0000 0000
6	4	ブラックランナー	クロフネ	キャトルセゾン	鹿毛	56 牡3	幸	鈴木孝	400	950	カナヤマHD	千代田牧場	△・・・・・	小1094⑧ 京1224③	35.5③ ダ36.6①	ダ1006①	○0000	サンデーサイレンス	ヒラボクビクトリー	0001 0000 0010 0001
7	4	アルアイン	ディープインパクト	ドバイマジェスティ	鹿毛	56 牡3	シュミノー	池江寿	900	1700	サンデーR	ノーザンF	▲◎△▲▲△	京1349①	35.1❶		◎1000	エッセンスオブドバイ	ゴールドエッセンス	0200 0000 0000 0000
8	5	(地)トラスト	スクリーンヒーロー	グローリサンディ	芦毛	57 牡3	柴田大	中村	2050	5270	岡田繁幸	中本牧場	◎▲注注注△	中1316[2] 阪1361⑤ 東1487[5]	35.3[5]	ダ56.0❶ ダ1314❶	○0000	エイシンサンディ	ウインオスカー	1000 0000 0000 1100
9	5	キョウヘイ	リーチザクラウン	ショウナンアネーロ	鹿毛	56 牡3	高倉	宮本	400	1480	瀬谷隆雄	本桐牧場	△△△・・・	小1090① 中1224④ 阪1367❷	34.6④		○0100	ダンスインザダーク	ビームライフル	0001 0100 0000 0021
10	6	マイスタイル	ハーツクライ	ファーストナイナー	鹿毛	56 牡3	福永	昆	400	680	寺田千代乃	猪野毛牧場	△注◎△△△	京1368③ 阪1490❶	33.9③		◎1000	フォーティナイナー	ピーターパンプキン	1000 0000 0100 0000
11	6	エテレインミノル	ディープブリランテ	シルキーブライド	鹿毛	56 牡3	藤岡康	北出	400	770	吉岡實	杵臼牧場	・△・・◎注	芝2026② 新1479①	33.5①		○0000	ロックハードテン	オスカードクリーム	1000 0000 0000 1000
12	7	ケンシン	ゴスホークケン	マルターズホビー	鹿毛	56 牡3	フォーリー	谷	400	500	岡浩二	スプリングF	・・・・・・	阪1238⑨ 芝2048⑦	36.2⑦ ダ38.6①	ダ1262①	○0000	スピニングワールド	マルターズシャトル	0010 0000 0000 0010
13	7	イエローマジック	スウェプトオーヴァーボード	レインボーハート	芦毛	56 牡3	浜中	小島茂	400	700	村井良孝	新井昭二	・・△△・▲東	東1243①	34.1①		○0000	エアジハード	初任	0010 0000 0000 0000
14	8	タイセイスターリー	マンハッタンカフェ	スターアイル	鹿毛	56 牡3	川田	矢作	400	700	田中成奉	ノーザンF	注△▲◎△△	京1216① 京1355⑧	34.3⑧		○0000	ロックオブジブラルタル	ミッキーアイル	0010 0000 0000 0100
15	8	コウソクストレート	ヴィクトワールピサ	メジロアリス	鹿毛	56 牡3	ルメール	中舘	900	2270	野崎昭夫	レイクヴィラF	△△・△△○東	新1224①	34.0④		○0000	アドマイヤコジーン	シーユーアゲン	0020 0000 0000 0010

距離別勝利度数：千六〜千七含む・千八〜二千含む・二千〜二千四含む・二千五〜

前のページにも書いたけど、私は〝シンザン記念女〟なんです。地味でしょ（笑）？　というのも、14年のミッキーアイル、そして15年のグァンチャーレ、16年のキョウヘイと3年連続で的中させているんです。

それぞれに思い出があって、14年のミッキーアイルは、絶対に負けるわけがないってくらいに自信があった。だけど、単勝1・6倍の1番人気で、1着に固定した3連単も買い目は絞った（8点）とはいえ22・2倍。そこまで自慢できる的中ではないかと思い今回はスルー。

その分、この15年は10点で3連単438倍を当てたことに、価値があるかなと思って選びました。2着のロードフェリーチェが9番人気だったことが大きいかも。

2015年 1/11 sun

シンザン記念　京都 芝 1600m 3歳

冬場の京都マイル戦は坂路+前！3連単10点に絞って438倍！

この2頭についてどうして選んだのかというと、冬場の京都マイル戦ということで、坂路調教プラス、ある程度前に位置を取れる馬というのが理由。グァンチャーレは当時、やや出遅れ癖もあったんだけど、武豊騎手のコメントで「それでもある程度の位置を取りに行く」という言葉を信用して本命にしました。

ロードフェリーチェは、そんなグァンチャーレを見ながら追走して、差し届かずに2着or3着という予想。それもバッチリ。展開まで自分の思い描いた通りに進むと、同じ的中でも気持ちよさが全然違いますね。

RACE 08

てんなこ快心の調教予想

◎グァンチャーレ（2番人気）
○ロードフェリーチェ（9番人気）

馬連40.8倍
3連複82.2倍
3連単438.4倍

三連単万馬券!!シンザン記念完璧的中!!!

2015-01-11 17:04:46
テーマ：ブログ

去年に引き続き、
シンザン記念は完璧の一言!!!!!!

本命・対抗で完璧な的中でした!!!!

馬連4点で40倍
3連複5点で82倍
3連単は10点で438倍

少点数で万馬券GET!!
フェブラリーSまで外れ続けても、余裕なくらいの大当たりです(*´ー`)ﾉ笑

直線では馬群も詰まっていましたし、グァンチャーレも道中は後ろからでしたが直線ではある程度の位置にいました。
グァンチャーレが早めに抜け出して、ロードフェリーチェが差し損ねるという展開もバッチリ!!

レース結果

1着 ⑨グァンチャーレ
2着 ⑪ロードフェリーチェ
3着 ⑫ナヴィオン

単勝⑨500円　複勝⑨190円⑪350円⑫210円
馬連⑨⑪4080円　3連複⑨⑪⑫8220円
3連単⑨→⑪→⑫4万3840円

京都 11R（メインレース） 発馬 3.45 第49回 シンザン記念（GIII） 指 国際・サラ三才オープン・別定

	1	2	3	4	5	6	7	8	9	10	11	12
枠	白1	黒2	赤3	青4	黄5	黄5	緑6	緑6	橙7	橙7	桃8	桃8
父	バゴ	マンハッタンカフェ	タイキシャトル	クロフネ	クロフネ	ディープインパクト	ケイムホーム	ストーミングホーム	スクリーンヒーロー	キトゥンズジョイ	ハービンジャー	ハーツクライ
馬名	ノーストーム	サトノフラム	ダンツメガヒット	レンイングランド	クインズロンペール	クイーンズターフ	メイショウマサカゼ	ヤマニンマンドール	グァンチャーレ	㊖ダッシングブレイズ	ロードフェリーチェ	ナヴィオン
母	グローバルフィート	タイキマドレーヌ	アイズビューティー	マリンフェスタ	ケイアイギャラリー	フラッテローザ	デピアバーズ	ヤマニンエマイユ	チュウオーサーヤ	ブレイジングブリス	レディチャーム	ユキノスイトピー
毛色	鹿毛	黒鹿	栗毛	芦毛	芦毛	青鹿	黒鹿	黒鹿	青鹿	栗毛	鹿毛	鹿毛
斤量	56 牡3	56 牡3	56 騸3	56 牡3	56 牡3	54 牝3	56 牡3	56 牡3	56 牡3	56 牡3	56 牡3	56 牡3
騎手	バルジュー	戸崎圭	和田	浜中	松山	川田	太宰	岩田康	武豊	C.デムーロ	四位	福永
厩舎	藤岡健	安田隆	山内	矢作	山内	須貝尚	本田	浅見	北出	吉村	昆	橋口
賞金	○ 400	○ 400	○ 400	○ 1700	○ 400	○ 400	○ 900	○ 400	○ 400	○ 400	○ 400	○ 1200
総賞金	570	700	630	3360	500	700	1420	680	950	1090	798	3100
馬主名	吉澤克己	里見治	山元哲二	田畑利彦	クイーンズ・ランチ	小林英一HD	松本好雄	土井肇	松本俊廣	グリーンF	ロードHC	樋口
牧場名	下河辺牧場	下河辺牧場	千代田牧場	天羽牧場	佐竹学	ノーザンF	藤沢牧場	錦岡牧場	中央牧場	アメリカ	ケイアイF	浜本牧場
持木	△	△				◎		△	▲	○	△	注
那谷	△	△		△		△			▲	○	◎	注
加茂		△		◎		△		△	▲	○	△	注
須藤		△		△				△	▲	○	注	◎
中邑	▲			△		△		△	◎	○		注
本紙田崎		△		△		注		△	○	◎	△	▲
芝 1200・1400・1600・1800	平 2017①	東 1348⑩	小 1092⑩ 阪 1229⑧	中 1089① 王 1326⑨	小 1090① 新 1375⑨		京 1086① 阪 1394⑫	阪 1344①	東 1340⑥ 京 1479③	東 1363①	京 1362⑪	阪 1216① 新 1341⑥
芝上り・ダート上り	平 33.6①	天 33.9①	函 34.4⑧	王 35.4① 京ダ 37.2⑬	王 35.2① 三ダ 39.1⑦	函ダ 37.3①	王 34.2① 千ダ 36.2❶	天 33.5③	天 33.5⑥	天 33.2①	天 34.2⑤	天 32.7①
ダ1200・ダ1600				函ダ 1254③ 東ダ 1411⑬	阪ダ 1148⑦	函ダ 1257①	千ダ 59.1❶ 函ダ 1273⑧					
芝コース別の実績	0000	0000	1000	0000	0000	0000	0000	0000	0000	0000	0000	0000
母の父	アグネスタキオン	ブライアンズタイム	エリシオ	サクラバクシンオー	ウォーニング	ブライアンズタイム	デヒア	ホワイトマズル	ディアブロ	オナーアンドグローリー	サンデーサイレンス	ラストタイクーン
兄弟馬	ブレイヴフィート	タイキサクセション	マナカネコロモガワ	ケイリンボス	ケイアイユニコーン	初仔	メイショウアイアン	初仔	ブルートップガン		ディアーモ	テンシノホホエミ
距離別勝利度数 千二含む	0000	0100	0001	0012	0001	0010	0002	0100	1000	0100	0100	0110
千四のみ	0000	0000	0010	0000	0000	0000	0000	0000	0000	0100	0000	0000
千六のみ	0000	0000	0000	0011	0000	0000	0000	0100	1000	0000	0000	0100
千七含む	0000	0200	0013	0100	0103	0000	0111	0100	1200	0000	0100	0200

この日は、競馬以外のお仕事（ロケ）の最終日で、休憩中に車の中で見たのを覚えています。この日のロケは正直、物足りないというか、何もインパクトを残せていなくて、ヤバいなと思っていたんだけど、アンドリエッテの勝利で、すべてがブワァ〜っと飛んでいっちゃいました（笑）。

他のページにも書いたんだけど、17年の夏ごろは競馬とか関係なしに絶不調で、気持ちがなかなか上がらなかったんですよね。全体的に見ると、このあとも気分が沈む日が多かったんだけど、この日だけ見ると、休憩後の収録はルンルン♪でした。

欲をいうと、本命が勝っているのに単勝とか1着固定の馬券を買っていないことが悔しいんですよ。今考えてもこのアンドリエッテをアタマで買うのは勇気がいるな〜というのは本音です。

このときのアンドリエッテの最終追い切りは、馬場が荒れている時間帯に行なわれました。この週の阪神は雨の影響で、やや後半の時計がかかるような馬場だったので、調教とうまくリンクしたのかなと思います。

実際、3歳時にチューリップ賞2着した時も重馬場。馬場適性と、状態の良いときがうまく噛みあったのかと…。でもまさか勝つとはビックリ。2着、3着も拾っていたので悔やまれますが、引き続きマーメイドSは穴を狙っていきます。

2018年 6/10 sun

マーメイドステークス 阪神 芝 2000m 3歳以上

重馬場適性と調教がリンク!? 勇気のいったアンドリエッテ◎

RACE 09

てんなこ快心の調教予想

◎アンドリエッテ（10番人気）

馬連108.4倍
3連複356.8倍

天童なこ
@tendonako
マーメイドSも
万馬券連発キタキター♪——O（≧▽≦）O——♪!!!!!!
馬連１０８．４倍
3連複３５６．８倍
アンドリエッテおめでとう&ありがとう #マーメイドステークス #万馬券
1,134 17:21 - 2018年6月10日

レース結果

1着 ③アンドリエッテ
2着 ①ワンブレスアウェイ
3着 ⑫ミエノサクシード

単勝③1710円　複勝③510円①400円⑫290円
馬連①③1万840円　3連複①③⑫3万5680円
3連単③→①→⑫26万3970円

阪神 11R WIN5④ 発馬 3.35 第23回 マーメイドステークス（GⅢ） (指)(国際)(特指) サラ三才上 オープン・ハンデ

15	14	13	12	11	10	9	8	7	6	5	4	3	2	1	
桃8		橙7		緑6		黄5		青4		赤3		黒2		白1	枠
キングカメハメハ	キングカメハメハ	ハーツクライ	ステイゴールド	ディープインパクト	ハービンジャー	ハーツクライ	キングカメハメハ	エンパイアメーカー	メイショウサムソン	ハービンジャー	ダイワメジャー	ディープインパクト	アドマイヤムーン	ステイゴールド	父
フェイズベロシティ	トーセンビクトリー	エマノン	ミエノサクシード	アルジャンテ	ヴァフラーム	ティーエスクライ	(地)スティルウォーター	エテルナミノル	キンショーユキヒメ	(地)レイホーロマンス	ミリッサ	アンドリエッテ	ルネイション	ワンブレスアウェイ	馬名
スペシャルグルーヴ	トゥザヴィクトリー	ピラミマ	ハピネスフォーユー	ナイキフェイバー	ファーストチェア	レイナワルツ	ソリッドプラチナム	ダイワジェラート	アップルティー	スズカローラン	シンハリーズ	アナバシュドチャーム	パラフレーズ	ストレイキャット	母
栗毛	鹿毛	黒鹿	栗毛	芦毛	鹿毛	芦毛	黒鹿	黒鹿	芦毛	鹿毛	栗毛	鹿毛	黒鹿	黒鹿	毛色
51 -4 牝5	56 +1 牝6	50 -5 牝5	54 -1 牝5	52 -3 牝5	50 -5 牝6	48 -7 牝6	48 -7 牝5	55 加 牝5	55 加 牝5	52 -3 牝5	53 -2 牝4	51 -4 牝6	50 -5 牝5	53 -2 牝5	斤量
北村友	浜中	松若	川島	酒井	富田	竹之下	川又	和田	秋山	岩崎	岩田康	国分恭	荻野極	津村	騎手
萩原	角居	平田	高橋亮	尾関	吉村	武幸	寺島	本田	中村	橋田	石坂正	牧田	栗田徹	古賀慎	厩舎
1300	4600	1350	2100	1350	1550	950	770	3900	4150	1875	1200	1600	1550	2100	賞金
5010	16,022	5785	9582	5750	7120	6598	3502	12,950	13,760	7882	6800	10,572	5110	8960	総賞金
池谷誠一	島川隆哉	丸山担	里見美惠子	(有)シルクR	市川義美HD	田畑利彦	ヒダカBU	吉岡實	礒野日出夫	永井啓弐	キャロットF	永田和彦	ゴドルフィン	サンデーR	馬主名
ノーザンF	ノーザンF	ノーザンF	千代田牧場	白老F	ノーザンF	[illegible]	橋本牧場	フジワラF	社台F	辻牧場	ノーザンF	[illegible]	[illegible]	白老F	牧場名
	○		△	△				◎	▲	注	△			△	持木
	◎	△	○					注	△	△	▲				瀬古
△			○	△	△					◎	注		▲	△	加茂
△	△		▲					○	注		◎	△		△	須藤
		△		◎	△					注	○	△	△	▲	田崎
東	△		◎	△ 東	B			▲	注	△	○		△ 東	△ 東	本紙中邑
東1366② 東1483④ 東2003④ 函2300②	東1340⑤ 阪1456③ 京1574⑧ 中2140⑤	京1344① 京1464① 芸1597①	阪1333④ 阪1453⑤ 京1593⑧ 函1218⑦	東1334① 函1207③	函2239④ 東1464③ 小2004② 阪2117②	京1339② 京1456③ 阪2012④ 函1224⑬	阪1373⑫ 阪1473⑭ 芸2013⑤ 芸2130⑤	東1337⑰ 阪1447② 芸2001① 京2150⑪	三1099⑧ 福1468① 京1595⑪ 中2144③	京1365⑧ 福1474⑤ 芸2002② 京2129②	芸1327① 阪1458④ 京2016❽	阪1339⑧ 阪1462⑥ 京1572④ 函2256⑤	東1336⑥ 新1466③ 福2013③	新1340① 東1469② 芸2006⑥ 函1210②	芝 1600 1800 2000 2200
天33.1⑥	天33.7⑮	天33.4⑤	天32.5②	天33.0③	天33.2⑧	天33.2③ ダ37.2⑪	函33.8②	天33.3② ダ38.4❶	平32.9④ ダ41.1⑫	平33.9⑤	天33.5①	天33.2⑧	天32.1①	天33.0①	芝上り ダート上り
						ダ1519⑪	ダ1285①	ダ1465❶ ダ1553②	ダ1564⑫	ダ1301❷					ダ1600 ダ1800
○0000	○0001	○0011	○0001	○0000	◎0002	○0002	◎1001	◎1001	◎0000	○0000	○0001	◎0100	○0000	○0000	芝コース重の実績
スペシャルウィーク	サンデーサイレンス	アンブライドルズソン	エーピーインディ	フェイヴァリットト	ジャングルポケット	ブラックタイアフェ	ステイゴールド	フジキセキ	サンデーサイレンス	サンデーサイレンス	シングスピール	シルヴァーデピュテ	ピヴォタル	ストームキャット	母の父
ドリームチェイサー	トゥザグローリー	スリーヴリチャード	ブライチストリング	テーオーレイチェル	コンダクトレス	ティーエスネオ	ウスベニノキミ	オリーニョミノル	ランリーナ	スズカデヴィアス	シンハライト	アールジャネスタア	ソロフレーズ	キャットコイン	兄弟馬
0 1 1 0 0 0 1 1 0 0 1 0 0 3 5 0	0 2 4 0 0 0 2 0 0 0 3 0 2 3 5 3	0 1 2 1 0 0 2 0 0 0 1 1 0 3 7 1	0 0 3 2 0 0 3 0 0 0 1 0 0 2 3 5	0 0 0 1 0 0 0 0 0 0 0 1 0 0 0 4	1 2 0 0 1 3 0 0 1 1 1 0 2 2 3 0	0 0 0 2 0 1 0 5 0 0 2 3 0 3 8 14	1 0 0 0 0 0 0 0 1 0 0 0 3 4 2 1	0 1 3 2 0 0 3 0 0 0 0 0 1 0 5 6	0 3 2 0 0 1 1 0 1 0 1 0 0 6 8 0	1 1 1 0 1 1 0 0 0 0 1 0 0 4 3 2	0 0 1 3 0 0 0 0 0 0 0 1 0 1 1 3	0 0 1 2 0 0 0 1 0 0 3 0 0 5 7 6	0 2 0 2 0 0 1 0 0 1 1 0 0 1 2 3	0 0 3 2 0 0 1 1 0 0 0 0 0 1 3 2	距離別勝利度数（一…千六のみ 二…千七含む 三…二千のみ 四…二二）

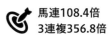

的中のパターンって、いろいろあるけれど、◎⬇○⬇▲で決まることって、滅多にないから改めて見直しても本当に気持ちよかったですね。それに単勝が10倍ついているけど、ショウナンパンドラは絶対に来る！　という自信があったんです。

その根拠はもちろん調教。ショウナンパンドラが2週前、1週前と併せて競り負かしていたセブンフォースが前の週で快勝。今までのショウナンパンドラでは考えられないような、かなり攻めたメニューをこなしていました。

よって最終追い切りは、単走で馬なり。それでも体調の良さが溢れ出るのか、ラスト2ハロン24秒7。ラスト12秒4と自然と時計が出ちゃうくらいに、気持ちが乗っていたのです。

とにかく目標のレースに向けて、この上ない仕上げをしてきたのですから、不利を受けない限りは大丈夫だと思っていました。

ただ、強力なライバルであるヌーヴォレコルトも、初めての栗東滞在にも関わらず、しっかりと負荷をかけてきて減点材料が見つからない状態でした。

なので、そのときのブログにも書いたのですが、この2頭でガッツリ勝負してくださいと。そこまでの自信があったので、最後の直線で2頭が後ろを引き離したときは気持ちよかったな〜。配当を抜きにして一番完璧なレースだと思います。

2014年 10/19 sun

秋華賞　京都 芝 2000m 3歳牝馬

単走馬なりでも自然と時計が出ちゃう ショウナンパンドラは絶対来る！

てんなこ快心の調教予想

◎ショウナンパンドラ（3番人気）
○ヌーヴォレコルト（1番人気）
▲タガノエトワール（4番人気）

馬単20.5倍　3連複19.4倍
3連単127.9倍

秋華賞‼◎○▲で馬単・三連複・三連単
ぜんぶ的中!!!!

2014-10-19 19:16:59
テーマ：ブログ

今日はフィーバーしました!!!!!!
秋華賞の調教予想☆
◎ショウナンパンドラ 1着
○ヌーヴォレコルト 2着
▲タガノエトワール 3着
でばっちりすぎるほどばっちり的中しました(≡^∇^≡)

馬単2点勝負で20倍、
三連複は19倍、
三連単は28点で127倍でした

ちなみに特注ブランネージュも4着でまさにぴったりはまりました！
YouTube予想も天童特別に引き続き重賞でも当たって本当嬉しい

レース結果

1着 ⑥ショウナンパンドラ
2着 ④ヌーヴォレコルト
3着 ⑫タガノエトワール

単勝⑥1010円　複勝⑥200円④110円⑫270円
馬連④⑥630円　3連複④⑥⑫1940円
3連単⑥→④→⑫1万2790円

京都 11R（メインレース） 発馬 3.40 第19回 秋華賞（GI） ㈱国際牝サラ三才オープン・馬齢

枠	馬番	馬名	父	母	毛色	斤量	騎手	厩舎	賞金	総賞金	馬主名	牧場名	予想（持木・谷・加茂・須藤・中西・本紙）	芝タイム	上り	ダート	芝コース実績	母の父	兄弟馬	距離別
1	1	ブランネージュ	シンボリクリスエス	シナノネージュ	鹿毛	55 牝3	秋山	藤岡健	1900	6550	社台RH	追分F	△△▲…▲△	阪1350④ 阪1464④ 東2000② 2264⑤	天33.5②		1000	フレンチデピュティ	初仔	0011 0101 0001 0011
1	2	レーヴデトワール	ゼンノロブロイ	レーヴドスカー	黒鹿	55 牝3	川田	松田博	1900	5140	サンデーR	ノーザンF	注…◎注注▲	阪1336⑤ 京1459⑤ 新2033❶ 阪2179④	天33.8⑤		1000	ハイエストオナー	レーヴディソール	0102 0000 0000 1023
2	3	パウンスシャッセ	ゼンノロブロイ	リッチダンサー	鹿毛	55 牝3	北村宏	藤沢和	2600	7480	キャロットF	ノーザンF	…△……△△ 東	東1361⑩ 中1513① 中2003⑪ 2259③	34.4③		0002	ホーリング	ホーカーテンペスト	0120 0000 0000 0311
2	4	ヌーヴォレコルト	ハーツクライ	オメガスピリット	栗毛	55 牝3	岩田康	斎藤誠	8950	19,860	原禮子	社台F	○○○○○◎ 東	阪1334③ 阪1460① 2258①	天33.6①		0000	スピニングワールド	オメガユニコーン	0012 0001 0001 0001
3	5	マーブルカテドラル	ダイワメジャー	ヘルスウォール	鹿毛	55 牝3	田辺	上原	2550	6240	社台RH	社台F	◎△………… 東	阪1338⑦ 札1466⑨ 1238① 2267⑧	天33.9⑦		0000	エリシオ	アサクサダンディ	0002 0000 0000 0014
3	6	ショウナンパンドラ	ディープインパクト	キューティゴールド	鹿毛	55 牝3	浜中	高野	900	4220	国本哲秀	白老F	△△…◎△注	京1380❷ 東1477② 新2001❶	天33.0②		1200	フレンチデピュティ	ショウナンパッカス	0200 0121 0000 0020
4	7	（外）ディルガ	カーリン	バグダリア	栗毛	55 牝3	武豊	矢作	1350	3530	前田葉子	アメリカ		京1347③ 阪1471⑪ 阪2009① 東2161①	天33.7② ダ38.4④	ダ2189④	0000	ロイヤルアカデミー		1100 0011 0001 1020
4	8	レッドリヴェール	ステイゴールド	ディソサード	黒鹿	55 牝3	福永	須貝尚	6950	13,800	東京HR	社台F	▲注…▲◎○	阪1333② 阪1468⑥ 2258⑫	天33.3①		1000	ディキシーランドバンド	サンタスアロット	0012 0001 0000 0010
5	9	アドマイヤビジン	クロフネ	スマイルビジン	芦毛	55 牝3	四位	梅田智	1350	4640	近藤利一	[illegible]	……△…	阪1337⑥ 阪1471⑭ 1096③ 1213③	33.7①		1000	ゴールドヘイロー	初仔	0000 0001 0000 0014
5	10	マイネグレヴィル	ブライアンズタイム	マイネポリーヌ	鹿毛	55 牝3	柴田大	和田雄	1700	4255	ラフィアン	ビッグレッドF	…△△……… 東	東1359⑥ 中1516② 東2006⑧ 2269⑨	天35.1⑥		0110	スペシャルウィーク	マイネルシュバリエ	0010 0020 0110 0301
6	11	ペイシャフェリス	スペシャルウィーク	プレザントケイプ	鹿毛	55 牝3	川島	高市	1350	3170	北所直人	友田牧場	…………△ 東	阪1343⑪ 函1544⑥ 福2023③ 2290⑰	34.3④		0000	ケープクロス	ショウナンタイタン	0002 0010 0101 0011
6	12	タガノエトワール	キングカメハメハ	シーサイドブリーズ	鹿毛	55 牝3	小牧	松田博	1400	2510	八木良司	白老F	△▲△△△△	京1349⑫ 阪1462② 小2005①	天33.3② ダ38.6⑤	ダ1539⑤	0000	サンデーサイレンス	メイプリーズ	0100 0010 0000 0011
7	13	パシフィックギャル	ゼンノロブロイ	アイランドファッション	芦毛	55 牝3	勝浦	手塚	1650	3685	吉田勝己	ノーザンF	…………… 東	中1348③ 中1515② 2284⑯	天34.1②		0000	ペションヴィル	オーシャンドライブ	0010 0021 0001 0000
7	14	サングレアル	ゼンノロブロイ	ビワハイジ	青鹿	55 牝3	戸崎圭	松田博	2900	5850	サンデーR	ノーザンF	△◎△△…△	阪1371① 阪1470⑨ 東2000① 2267⑦	天33.3①		0000	カーリアン	ブエナビスタ	0101 0000 0000 0110
7	15	ハピネスダンサー	メイショウサムソン	クロノロジスト	鹿毛	55 牝3	藤岡康	高野	900	2400	[illegible]	ノーザンF	……注△……	新1496③ 東2009⑩	天33.4③		0111	クロフネ	ナオミノユメ	0200 0010 0020 0200
8	16	オメガハートロック	ネオユニヴァース	オメガアイランド	黒鹿	55 牝3	ベリー	堀	2100	4100	原禮子	社台F	………△… 東	東1360①	天33.9①		0000	エルコンドルパサー	オメガハートランド	0002 0000 0000 0000
8	17	リラヴァティ	ゼンノロブロイ	シンハリーズ	黒鹿	55 牝3	松山	石坂	900	4880	キャロットF	ノーザンF	……△△…△	阪1340⑨ 小1463④ 2056①	天34.2④		0000	シングスピール	アダムスピーク	0101 0001 0012 0022
8	18	セウアズール	ディープインパクト	シャビーラ	鹿毛	55 牝3	北村友	松田博	900	1720	吉田照哉	社台F	△…△………	京1336③ 阪1455①	天33.7①		0000	コルナード	シュピッツェ	0011 0001 0001 0001

＼悔しかった
3大レースはコレ！／

てんなこ 痛恨の調教予想 番外編

2015年 11/29 sun
ジャパンカップ　東京 芝 2400m 3歳以上

調教予想
◎⑫ゴールドシップ（2番人気10着）
○①ラブリーデイ（1番人気3着）

レース結果
1着 ⑮ショウナンパンドラ
2着 ⑥ラストインパクト
3着 ①ラブリーデイ

単勝⑮920円
複勝⑮220円⑥380円①130円
馬連⑥-⑮1万160円
3連複①-⑥-⑮6350円
3連単⑮→⑥→①5万3920円

ショウナンパンドラが調教では1番良く見えたんですがね。本命にしきれず▲に…。秋華賞で本命にしたときの調教に比べたらとか、枠が外過ぎるしとか、東京コースは今ひとつとか…、無限の言い訳です（泣）。2着、3着にも重い印を打っていただけに、本当に悔しいレースでした。

2013年 6/2 sun
安田記念　東京 芝1600m 3歳以上

調教予想
◎②ショウナンマイティ（3番人気2着）
○⑰ダイワマッジョーレ（6番人気9着）

レース結果
1着 ⑩ロードカナロア
2着 ②ショウナンマイティ
3着 ⑯ダノンシャーク

単勝⑩400円
複⑩200円②210円⑯680円
馬連②-⑩1470円
3連複②-⑩-⑯1万8160円
3連単⑩→②→⑯6万2800円

クビ差の2着。これは悔しかったですね。一応、馬単は当たりましたが、頭の方を厚く持っていただけに悔しかったなー。最後の脚はものすごかったですし、「マイティ～!!　差せ差せ」と興奮したのを昨日のことのように（言い過ぎw）ハッキリと覚えています。

2016年 6/12 sun
マーメイドS　阪神 3歳以上 牝

調教予想
◎③アカネイロ（8番人気6着）
○④レッドオリヴィア（3番人気6着※同着）

レース結果
1着 ⑫リラヴァティ
2着 ⑦ヒルノマテーラ
3着 ①ココロノアイ

単勝⑫1080円
複⑫370円⑦370円①310円
馬連⑦-⑫6030円
3連複①-⑦-⑫2万4090円
3連単⑫→⑦→①14万7190円

調教も状態も最高！　コース適性、相手関係も含めてこのハンデなら勝ち負けになると、個人的にもかなり勝負して負けた思い出が（笑）。スタートが悪く後ろからの競馬になってしまったので、いつもの先行する競馬ができていれば…と思うと今でも悔しさがこみあげてきます。

PART 05

関西テレビ『うまんchu♡』のご縁で実現!

対談!

かまいたち
山内健司さん

山内さんが『うまンchu♡』に推薦してくれた

天童 今日はわざわざ私の本のために、ありがとうございます！

山内 なんか儲かる話を聞ける予感がしたから来たんだけど。

天童 なにもないです(笑)。私の恩人といえば山内さん。山内さんが『うまンｃｈｕ♡』に推薦してくれたから、いま競馬タレントとして活動できているので、本当に感謝しています。

山内 実際、当たってるやん。俺が推薦しなくても、出てきたって。

天童 いやいや。ところで山内さんは、私のことをどうやって知ってくれていたんですか？

山内 ツイッターとかブログとか。競馬の予想について書いてるツイートを、ボ～ッっと見るのが好きなんよ。それで、当たるとか当たらないの前に〝調教で競馬予想やっている女性タレント〟ってワードに引っかかって「なんやこの子⁉」って。

天童 そんなに目立ちますか？

山内 「なんで、そこ行った⁉」みたいになるよ。それで、予想を見ていたらムチャクチャ当たる。それで、こっそり乗っかって結構儲かった。

天童 そう言ってもらうと、本当にうれしいです。

山内 それで『うまんｃｈｕ♡』のスタッフに言ったんですよ。「コアな競馬ファンが見る番組なんだから、彼女を入れないとダメでしょ。どう考えても僕や、(月亭)八光さんを出している場合じゃないと」。

天童 八光さん(笑)。

山内 でもなかなか変わらなくて、俺の企画のときに、誰と組みます？　って話になって、アンカツさんとなこちゃんにお願いしたんだよね。

天童　本当に有り難かったです。

山内　でも、そこでちゃんと結果を出したから、すごかったよ。

天童　ビーカーリー!!（※16年10月30日京都6レース）

山内　そうそう。9番人気だったんだけど、なこちゃんが推してくれて、俺は3連単の1着固定総流しが、大穴を的中させる最短距離だと思っていたから、1着固定で買おうとしたんだよね。

天童　それを私が止めたんですよ。3連複総流しにしません？　って。地上波だから、ひよっちゃった（笑）。それが、まさかの1着!?

山内　現場パニックになっていたね。3連複でも11万馬券やったから。

天童　3連単を止めていなかったら62万円だったので、申し訳なかったです。

山内　あの時は悔しいというか、このコに付いて行ったら、俺どれだけ儲かるねん!?　っていう期待感が上回っていたから、残念とかなかったよね。

天童　私の予想を、取り入れてくれることが、本当にうれしいです。

このコに付いて行ったら、俺どれだけ儲かるねん!?

——山内健司

金鯱賞244万、帯封2つを逃がす

山内　なこちゃんと一緒にいると、当たるイメージしかないもん。『うまンchu♡』卒業のときも、なこちゃんに予想聞いたよね。

天童　スワーヴリチャードが勝った金鯱賞のとき。

私の恩人といえば山内さん！

——天童なこ

『うまんchu♡
競馬であなたを口説きます』

関西テレビ　毎週土曜 深夜1:15～1:45

シャンプーハット・浅越ゴエ・霜降り明星・ミサイルマン・月亭八光・ビタミンＳお兄ちゃん、競馬をこよなく愛する男たちによる競馬予想番組。https://www.ktv.jp/umanchu/

俺が推薦しなくても出てきたって！

——山内健司

山内 健司（かまいたち）

2004年に濱家隆一とかまいたちを結成。2007年「ABCお笑い新人グランプリ」で最優秀新人賞、2017年「キングオブコント」で優勝。競馬は2014年4月～2018年3月まで関西テレビ『うまんchu♡』に出演。

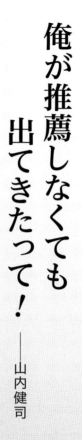

私、本命でした。

山内　俺もスワーヴリチャードの1着は決めていて、相手どうしようかと、なこちゃんに相談したら…。

天童　私の対抗がデニムアンドルビーだったんです。

山内　それやったら、デニムアンドルビーは7番人気で人気ないから、2着と3着狙いで予算10万の中で、8万使って買おうと。それで残り2万円をどうしようかなと迷った。

天童　それで私が、もっと人気ないけど、サトノノブレスの調教は良かったですよと言ったんですよね。

山内　それやったらと、2番人気のサトノダイヤモンドを3着に固定して、1着スワーヴリチャードと2着にデニムアンドルビーとサトノノブレス。3着にサトノダイヤモンドを1万円ずつ2万円。追加で買ったんです。

天童　この本、読んでくれている人は山内さんの話を聞いて、帯封の絵が浮かんでいると思いますよ（笑）。

山内　244倍やから、帯2つね。

天童　おめでとうございます☆ってなりますね。

山内　その日、劇場が入っていたりしてスケジュールが、かなりタイトやった。でも番組側が馬券で見せたいって言っていたから、PATじゃなくWINSに一人スタッフを行かせて、馬券を買う流れだったんです。

天童　嫌な予感がビンビン来ますね（笑）。

> **「そんなこと、あるのか〜！」って叫んだし、立てなくなるよね。**
>
> ——山内健司

山内　そうやねん。レース終わって、電話かかってきて「すみません」と。

天童　うわっ。

山内　最初のデニムアンドルビーを、２着と３着に流している馬券は買えたけど、あとの１万円ずつは間に合わなかったんです、と。「そんなこと、あるのか〜！」って叫んだし、立てなくなるよね。

天童　地獄…。

山内　運命とか言いたくないよね。言うたら、人間として終わってしまう。

天童　ツキのない運命で、生まれてきたと認めたくないですもんね。でも、こういうエピソードが山内さんは豊富ですよね。

山内　いらんわ！

GⅠ最高配当、３連単２０７０万を逃がす！

天童　私が番組に行かせてもらったときも、〝不運の人〟みたいな感じだったじゃないですか。

山内　一番大きいのは、２０１５年のヴィクトリアマイルを外したときかな。

天童　いまでもGⅠの最高配当になっているレースですよね。

山内　３連単で２０７０万。

天童　どうして惜しかったんですか。

山内　さっきも言ったんやけど、馬券で１０００万を稼ぐには、３連単１着固定の相手総流しがベストやと思っているのよ。それに気が付いたのが、２０１５年で春のGⅠは、ずっとその買い方で攻め続けていた。

天童　それだと当たりも大きいけど、ガミることも多そう。

山内　そこ！　ドゥラメンテが皐月賞を勝った15年

で、比較的3連単の配当が安くて、当たっても全然儲からなかった。それで、ヴィクトリアマイルを予想していたら、ストレイトガールを1着にしようとすぐ決まった。でも新聞を見ていたら、どう考えてもヌーヴォレコルト(1番人気)は3着以下に落ちる気がしない。だから、1着ストレイトガール固定で、2着と3着をヌーヴォレコルトで流したら…。

天童 2着12番人気のケイアイエレガント。3着最低人気のミナレットで、3連単が2070万円。

山内 これ当たっていたら記者会見しているよ。

天童 本当にそう(笑)。

山内 それまでの買い方を知っているから、「当たったんか!?」って、芸人仲間からジャンジャン電話が鳴ったしね。

天童 かけたほうがガッカリですね。

山内 それが痛いよね。

天童 しかも、そこで2000万で獲り逃がしているから、次は絶対当てると燃えちゃいますよね。山内さんから、1000万当てたいって、よく聞きますもん。

山内 でも現実は、80万がマックス。

天童 (笑)。

山内 だから当てなきゃ意味がないところまで来ているんですよ!

福永騎手とダービー祈願に伊勢神宮へ

天童 山内さんって、福永騎手と仲が良いじゃないですか? 私のイメージだと、福永騎手が勝つときって、比較的荒れる気がするんですよ。昨年のダービーも3着がコズミックフォース(16番人気)で3連単285万馬券だったし、この前の高松宮記念でも2着、3着が、めちゃくちゃ荒れて449万馬券。

あとはなこちゃんの予想に乗っかるだけ

——山内健司

山内　そやねん。だから決めたら続けなアカンのよ。誰が見ても遅いねんけど関係ない！　今週からそうする!!　ダービーのときは、本当に酷かったからね。

天童　ワグネリアンのダービーですか？

山内　そう。その年の正月に、ビタミンSのお兄ちゃんと福永騎手と3人で、伊勢神宮にダービー祈願に行ったのよ。宮司さんが『日本ダービーを制し〜』みたいなお経みたいなのをあげて。意外とちゃんとやるねんなって思っていたら、その宮司さんとペルシアンナイトのオーナーさんが仲良しらしくて、大阪杯だけ福永さんが乗ることが決まっていたから、引き続いて『ペルシアンナイトォォォォ——』みたいなのも始まって…。

天童　シュールな絵ですね(笑)。

山内　でも、それが効いたのか大阪杯2着だったでしょ。それ、俺も馬券をスワーヴリチャードと、がっちり的中させて、そのお金をダービーに転がしたのよ。

天童　ワグネリアン！

山内　ブラストワンピースの単勝20万円。

天童　なんでー。私も本命だったから、大きな声では突っ込めないけど(笑)。

山内　皐月賞でも伸びなかったし、ダービーでも外枠に入っちゃったでしょ…。

天童　普通に予想してる。

山内　枠出たとき福永さんに「こうなったら、思い切って好位につけて競馬してください」って送ったら「せやな」って返事が来た。
天童　まんま、その通りの競馬(笑)。
山内　それでレースを見ていて、直線ブラストワンピースの外側を、ピンクの帽子がしっかりフタして、進路を塞いだときに『おいっ!』と叫んだけど、その馬が福永さん(泣)。感情がグチャグチャなるよ。正直、知り合いじゃなかったら良かった。
天童　まったく押さえてなかったんですか?
山内　ビックリするくらい切ってた。でも、本当にこれからは1着固定総流しで買うよ。福永さんにも言いました。
天童　すごい(笑)。
山内　あとは、なこちゃんの予想に乗っかるだけ。でも、最近なこちゃんが『うまンｃｈｕ♡』で予想すると平場は人気が変わっちゃう。
天童　有り難いことなんですが…。単勝50倍くらい

なこちゃんは、オンラインサロンをやるべきだね。
——山内健司

の馬を選んだのに、当日オッズ見たら2番人気になってる。
山内　だったら選ばないよね。
天童　たしかに、リターンが大きいから選んでいるし、当たったところですごいと思ってもらえない。
山内　あの番組、深夜だけど視聴率良いし、占拠率が20%を超えているんだよね。
天童　すごい面白いですもんね。関西の競馬ファンに絞った視聴率は、ヤバいと思います。
山内　そんな中、調教に特化した予想ができたら、みんな買いたくなるよ。八光さんの予想では、まっ

たくオッズは動かないからね。

天童　また、八光さん(笑)。

調教予想はめっちゃしんどい

山内　それで、ここから今日の本題ですよ。

天童　本題って何ですか？

山内　なこちゃんは、オンラインサロンをやるべきだね。いまアメブロで予想を出しているじゃない？　そのワンランク上のサービスを、課金制にしてみんなに見てもらう。

天童　ワンランク上って何すれば良いんですか？

山内　番組でイチ推し、二推しってやってるやん。その他のレースを、みんな聞きたがっていると思うんだよね。１０００円とかで配信したら、天童なこ信者はみんな入ると思う。

天童　そんな信者はいないですから(笑)。

山内　ブログって1日、アクセス数はどれくらいなん？

天童　土日だと1日15万ほど…。

山内　はい、おめでとう。絶対成功するやん。

天童　そうなんですか？

山内　なんでこれを勧めるかと言うと、調教の予想ってめっちゃしんどいと思うんです。例えば併せ馬をやっているとして、相手の馬と互角に動いている。でも、その馬の体調も分析しなきゃいけないし、基本的な能力も調べて知っておかないといけない。

天童　ありがとうございます。

山内　専業でもギリギリの作業量だと思うけど、タレントやりながらなんて、見返りないと厳しいって。俺が調教を勉強しようと思わないから。なこちゃんに聞いて、そのまま信用するしかない。

天童　山内さんは、調教欄は全然見ないですか？

山内　エイトの調教ベスト3みたいなのは見るけど、予想を変えるほどの信用はしていないかな。でも、ジョッキーの人と話すと、馬ってヤル気がある時とない時で、走りが全然違うっていうんだよね。だから前走強かったから…で飛びついても、絶対じゃない。それには調教の様子を見ることが大事なんだなということは分かっている。だけど無理。

天童　私も毎週、毎週見て、今回は良いなとか、なんとなく固まってきた段階です。

ノーザンF＆外厩全盛で調教予想は？

山内　その中で、穴を見つけようとしているのはすごいと思う。俺も穴を当てたいって言いながら、最近の予想は生産牧場を見て、ノーザンだからって理由で買っている。

天童　でも、それだと的中率は高くなるけど、人気馬になるのは避けられない。

山内　そうやねん。でも来るのよ。この前もフジテレビONEの『競馬血統研究所』で、中山競馬場で馬券買っていたんだけど、どう見ても天栄帰りの3頭が来るやんってレースだった。そこにいたトラックマンさんには穴で、この馬も入れておいてと言われたんだけど、結果天栄組でワン・ツー・スリー。

天童　調教ハンターとしては厳しい流れですよね。トレセンでの動きを見て、判断しているので。

山内　そうなってくると、しがらきや天栄の映像も見せて！　ってなるよね。もし、それが可能になったら『天童なこプレミアム』で配信しましょう。

天童　オンラインサロンを、めちゃくちゃ期待されている。

山内　地上波で予想したら、オッズ変わっちゃうから、ちゃんとお金を払った人だけが幸せになれば良いんです。

天童　逆に、それってプレッシャーが高くて怖いかも。もはや女タレじゃないレベルじゃないですか？

山内　それは嫌なのか〜。絶対当たるけどね。

天童　だったら、山内さんがオンラインサロンすれば良いじゃないですか？

山内　俺の予想なんて、何の影響力もないから。何度も言うように、俺と八光さんが競馬予想している姿は、誰も見たくないから！

天童　八光さん、いないところで、めちゃくちゃ言われている。だったら山内さんは趣味多いし、競馬以外のこととかはどうですか？

山内　スニーカー好きやけど、他に詳しい人も沢山いるやろうし、お笑いのネタの書き方とか、そこは見せたくない。

天童　5匹飼っている猫は？

山内　猫!?　俺が猫について語っている姿を誰が見たいねん！

天童　見たいかどうかは別として…。

山内　別にしたら、あかんやん。

天童　そろそろ、まとめたいと思うのですが、私は山内さんと競馬場でご一緒できる番組を、またやりたいなと思います。

山内　やりたいよね。一緒に1000万ゲットの瞬間を映像に収めましょう！

天童　今日は本当にありがとうございました。

山内さんと競馬場でご一緒できる番組を、またやりたい。

——天童なこ

てんなこコラム Column 04

調教ハンター てんなこが選ぶ

伝説の名調教 BEST 3

2011年 12/25 中山10レース

有馬記念 栗東CW

エイシンフラッシュ

⑤エイシンフラ前8着栗CW良 ⑥82.3 65.9 51.6 38.0 12.0⑦G前追う
連対時▶ 11年5月栗CW稍 ⑥84.2 67.6 52.2 37.7 11.6⑧一杯追う
〔順　調〕助　手15栗CW良 ⑥84.3 67.1 51.6 38.1 11.6⑦強目
〔攻動くが〕ルメール21栗CW良 ⑥80.5 65.2 50.9 37.1 11.8⑥強目
（古オープンネオヴァンドーム一杯追うの内で追走2馬身半先着）
→【動く同馬にしては少々迫力不足。順調も、急上昇は疑問】

毎回素晴らしい動き!!　未だに調教ランクを表すときはC→B→A→S→AF(エイシンフラッシュ)。2011年7番人気2着だった有馬記念ではいつもよく見えるエイシンフラッシュに翼が見えた！　CWで併せ馬80秒5-11秒8！　未成年で馬券を買えなかったのが悔しい。ただそんなエイシンに勝ったオルフェはやっぱスゴイ!!

2017年 10/1 中山11レース

スプリンターズS 栗東坂路

ネロ

⑭ネロ　前8着札芝良 54.0 39.4 12.3⑧馬なり
連対時▶ 16年11月栗坂稍（1回） 49.5 36.7 13.2 馬なり
14栗坂良 57.3 42.4 14.9馬なり　21栗坂良 49.3 36.5 12.4一杯追う
24栗坂良 52.6 38.9 12.6G前強目　27栗坂良 48.2 35.9 12.6一杯追う
→【小気味良く、さすがのスピード感。徐々に体調は良化中】

栗東坂路で速い時計を出す森厩舎とはいえ、抜けて速い時計を出していた馬ですね。50秒を切るのは当たり前みたいな馬で、48秒台も何回も出してます。1週前に49秒台、日曜日に52秒台を出して、最終追い切りが48秒2なんてこともありました。まさに坂路番長という名がふさわしい!!

2016年 2/14 京都10レース

すばるステークス 栗東坂路

ニシケンモノノフ

⑮ニシケンモノ 前15着栗坂重（1回） 52.4 38.4 12.0 一杯追う
連対時▶ 15年10月栗坂良（1回） 53.3 38.9 12.2 叩き一追
17栗坂良 58.6 43.0 13.5馬なり
20栗坂重 56.1 40.9 12.5馬なり　24栗坂重 58.4 42.6 13.0馬なり
27栗坂良 54.5 39.5 12.2馬なり　31栗坂重 56.9 41.4 13.1馬なり
3栗坂良 49.8 36.2 12.2一杯追う　10栗坂良 53.4 37.5 11.6一杯追う
（古500万ギャラクシーエクス強目追走1馬身先着）
↗【岩田騎手の手が動くと、鋭く反応し追走先着。上昇確実】

栗東坂路での時計が超優秀。3歳時には51秒2をマークし、本格化してからは数字を見るだけで笑みがこぼれる時計を連発。51秒台でラスト2ハロン24秒台前半なんてのはザラ。特に印象深いのが、2016年すばるSの1週前追い切り。ダート短距離界を沸かせてくれた栗東坂路のまさにモノノフ(武士)。

PART 06

天童なこが師と仰ぐ
カリスマ調教予想家

対談！

調教捜査官
井内利彰さん

調教予想が認知されてきている

天童　こうやって井内さんと並んで、写真を撮ることができるなんて本当に光栄です。

井内　何をおっしゃいます。女性予想家として、これだけ有名になったなこちゃんと、話せるなんてこちらこそ光栄ですよ。

天童　やめてください（笑）。でも、世間的に私と井内さんが話をしている姿とか、結構意外らしいですよ。編集の人に「仲が良いんですね」と、ビックリされました。

井内　同じ調教予想ということで、争っているイメージがあるのかも知れませんね。イベントは何度かご一緒しましたけど、ＴＶとかメディアはないですもんね。

天童　私からしたら尊敬する人なので、争っているとか本当に恐縮です。

井内　そんなことないですよ。「調教ハンターの井内さんですよね？」って声かけられますもん。

天童　キャ――――！　本当にすみません。

井内　僕としては、調教予想が認知されてきているということで、なこちゃんの存在も含めて、嬉しいですよ。

天童　ありがとうございます。私が調教で予想しようと決めたときに、井内さんはもう〝調教捜査官〟という名前でやられていたので、なんとなくですが、並んだときに落ち着くような字面かなと思って〝調教ハンター〟という言葉を選びました。

井内　女性で予想家になろうって少ないのに、調教を選ぶってのは、変わった子が出てきたなと思いましたよ。

天童　私は２０１２年から予想のブログをやってい

るんですが、14年に宝塚記念を当てたんですが（1着ゴールドシップ 2着カレンミロティック）、そのときに〝まさか〟の井内さんからコメントをもらったんですよね。池袋のカフェで、「ええっ!?」ってビックリしたのを覚えています。

井内 ブログの中で、僕の名前を出してくれていたみたいで、関係者の人から「調教予想している天童なこって子がいるよ」って聞いたんですよ。

天童 まだ競馬の仕事も、ほとんどしていない状態なので、井内さんからコメント届くなんて、考えてもいなかったですし、正直偽物だろうなぁ〜と思っていました（笑）。

井内 でも、それから1年後くらいには東京競馬場でイベントしていなかった？

天童 どうだろ。そうかも知れないですね。

調教って、誰が見ても同じ

井内 僕は東京競馬場で初心者のセミナーをやっていて、なこちゃんは別のイベントをしている日があったんです。それで代理店の人に紹介してもらって、なこちゃんに会いに降りて行ったんですよね。

天童 そうでした。

井内 でも僕が挨拶したら、キョトンとしていたんですよね。あのときブログで喜んでくれたのは、まぁ嘘かと…。「あまり好きじゃなかったんですね」と言った気がする（笑）。

調教を選ぶってのは、変わった子が出てきたな

——井内利彰

調教って負けた後に見直した時、納得できる

——天童なこ

天童　すみません！　とっさに顔と名前が一致しなくて。

井内　でも、なこちゃんはどうして調教予想を選んだの？　それは、すごく聞きたかった。

天童　血統を覚えたりとか、上がり時計に着目したりとか、いろいろしたんです。ただ馬券を当てることも当然大事なんですが、あくまで私はタレントなので人に説明をするときに、説得力のある予想をしたかった。そのためには、自分が納得しないとダメじゃないですか。

井内　それはそうですね。

天童　調教って負けた後に見直した時、納得できるというか「そういうことかぁ」と思えるんですよね。自分が納得できるんです。時計を後で見て「ここを見落としていた！」とか「この調教が、結果にこう結びついたのかぁ」とか。そういうことを考えるのが楽しかったです。

井内　それは正しいですよ。調教って、なこちゃんはわかってもらえると思うけど、実は誰が見ても同じなんです。動きが悪い馬を、良いという人は、ある程度、調教が分かっている人は言わない。

天童　分かります。その中で、どこに着目するかとか、どこに想像を膨らますかってことですよね。

「調教」は血統より分かりやすい!?

井内　調教って難しく聞こえるけど、「ディープイ

ンパクト産駒は芝が強いんです」というよりも「自己ベストを水曜日に出しました」って言うほうが、実は初心者にはわかりやすくスッと入ってくると思うんですよね。

天童　「ディープインパクト産駒が芝に強いのはどうして?」って思う人はいるけど、「自己ベストって速いの?」って思う人はいませんもんね。

井内　そういうことです。そもそも調教って僕が言いだすまでは、タイムは速かったら良くて、遅かったら悪いという、それくらいしか予想のファクターとして使われていなかったんです。

天童　井内さんが、最初だったんですか!?

井内　だから理屈を世間に納得してもらうまでは、正直大変でした。競馬って、毎回当たるわけじゃないじゃないですか?

天童　圧倒的に外れることの方が多いですよね。

井内　当たったら信用してもらって、ハズレたら信用が下がるの繰り返し。だけど、長くやってきたおかげで、地位も確立したつもりだし、見てくれる人も「井内が言うのだから信用しよう」という風になってくれたのは有り難いです。

勝っても負けてもアクセスは変わらない

天童　井内さんの予想を見てから、私のブログを見てくれている人も多いと思うんです。同じ調教派の2人の予想が、どう違っているのかをエンターテインメントとして楽しんでくれている。

井内　それはうれしいよね。『ネット競馬』の「ウマい馬券」を担当している人に言われたんだけど、勝っても負けても、僕の場合は売り上げが変わらないんですって。今回は当てそう…とかではなくて、普通に予想する材料として、「何を本命にしているん

結果が違うのも
予想の面白さ！

——天童なこ

2人ともアプローチは同じ！

——井内利彰

井内 利彰

1976年大阪生まれ。2001年に調教馬券術「調教Gメン」を発表。調教本数・強さ・ラップ・併せ馬などの要素から激走馬を見抜く調教馬券師の第一人者。調教捜査官としてテレビ、雑誌、インターネットなどあらゆるメディアで活躍中。http://blog.goo.ne.jp/iuchi7

だろう?」という興味を持って見てくれている。それは、なこちゃんのブログを見る人も同じだと思う。

天童 わかります。私もあるときを境に、ハズれてもブログのアクセス数が変わらなくなりました。だけど、新しい調教予想家って、血統とかデータの人に比べて、なかなか出てこない気がしませんか?

アプローチは同じなのに、結論が違う!?

井内 難しいのだと思います。例えばさっきのように「ディープは芝が強い」ってのは、予想ではなくて当たり前のことになっているじゃないですか。血統派じゃなくても知っていることで、そこからの先に変化を付けることで、個性を見せていくことができる。その点、調教予想って成熟していないから何を言っても「井内が言ってることを真似している」となってしまうと思うんです。僕の真似をしていなくても、僕っぽくなっちゃう。

天童 井内さんとまったく違う、調教の予想法は私には思いつかないですね。

井内 なこちゃんも僕もアプローチは同じなんです。だからこそ、これだけ多くの人に支持されるまでの大変さは分かりますし、本当にすごいと思っています。

天童 アプローチは同じなのに、結論(本命馬)が違うってのも、予想の面白さですよね。

井内 そこになこちゃんの場合は感覚や、理系のデータに寄った分析が加わるし、僕はトレセンで先生に話を聞くことができるので、現場の声や今までの知識を最終結論に加える。

天童 さっき編集の人に聞いたのですが、基本私たちの予想は大きくは違わないらしいですが、最近だと、サングレーザー(2019年3月31日・大阪杯)

だけは評価が違ったんですって。私は本命で井内さんは無印。

井内　決してなこちゃんを前にしているから言うんじゃなくて、本命にする気持ちもこの件については全然分かる。このときのサングレーザーって、昨年のマイラーズCを使ったときよりも、出し始めは遅かったんですよ。それでいて、日曜日に自己ベストを出したから、急仕上げじゃないのかな？　というアプローチをしました。

天童　私は、自己ベストを額面通りに評価しちゃってハズした。悔しいですね。

> 競馬の神様っていると思う
> ——井内利彰

井内　だからといって、同じ状況が再び巡ってきたら、同じ結論を出すとは限らないんですよね。予想家として正しいかどうかは置いておいて、私は競馬の神様っていると思うんですよ。今回は結果的に判断が正しかった。だけど騎手が違ったり、馬場が違ったりすると、結果はまったく違うものになってくるので。

天童　井内さんのようなクールな人が、〝競馬の神様〟とか考えたりするんですね。

スランプの解決法はない

井内　これだけ予想して、毎レース向き合っているのに、やっぱり当たらないですよ。大阪杯と桜花賞だって、本命がキセキとビーチサンバだったんだけど、両日の馬場が逆だったら、結果は違ったものになっていた。そこは神様の仕業だと思うしかない。

天童　私は本当にいま、スランプの真っただ中なんです。やることなすこと当たる気がしない。そんなとき、井内さんはどうしているんですか？

調子悪いときほど沢山買った方が良い

井内　解決法はないですよね。引きずっても仕方ないと思うしかない。桜花賞のビーチサンバが5着に負けたことだって、本当にショックだったんです。競馬ファンからすると「人気より走ってないやんけ！」となるに決まっている。ただ言い訳になるからレース後に言うことはないけど、もしビーチサンバに不安があるとしたら、「調教での動きに落ち着きが出てきたので、マイルという距離は短いかも？」というのが頭の片隅にはあったんです。それが、あんなレコードが出る馬場になったんで、最悪の形で

誰にも見向きされなかった時代が長かった
――天童なこ

出ちゃった。

天童　それがスランプの時期だと、何回も何回も重なっちゃうし、調子が良いと何をしても上手くいく。

井内　僕は『ネット競馬』さんで、障害を除く全レース、週末最大で72レースの予想を出しているんです。

天童　むちゃくちゃしんどくないですか？

井内　もちろん大変なんですけど、ネット競馬さんに頼まれる前から続けてきたことなので、自分の中でやり方はできている。それで、競馬ファンの人に

伝えたいのは、調子悪い時ほど沢山レースを買った方が良いと思うんです。

天童　逆だと思っていました。

井内　スランプのときにレース数を絞ると、当たったレースを買わなくて、はずれるレースに手を出しちゃう。

天童　最悪ですね。

井内　だからドシッと座ってやるしかないんですよ。

天童　私もできるだけ、感情にできる波を小さくしようと、ニュートラルを心がけているんですが…。

井内　なこちゃんは、男っぽい感じがする。お金よりも名声が欲しい。

天童　間違いないです。

井内　これって珍しくて、女性って誕生日でも何でも当たってお金が入ってくることが最優先。でも、なこちゃんは確固たる理論を持って勝負を挑んでいる。勝ち気ですよね。

天童　そうなんです。だから可愛く予想とかができない…。

井内　たしかに、今は誰もなこちゃんにそれを望んでいないですね。でも、そうやってプロに近づくと、アンチは増えるから特に女性は精神的にも大変だなと。

天童　今では勉強していく中でアンチが私には必要だということを理解してます。この本にも書いたけど誰にも見向きされなかった時代が長かったので、私の予想を見てくれるだけで、有り難いと思っています。一人前にしていただきました。

自分の予想は全部馬券で買う

井内　僕も同じで、認めてもらうまでが大変だったから、自分の予想を知ってもらうというだけでうれしいですね。基本的に、自分の予想は全部馬券で買うことにしているんです。ただ、どうしても忙しくて、買い忘れることがたまにある。そういったときに、以前はその馬券が当たったら悔しかったんだけど、いまは来なかったときのほうが辛いんです。自分は買えずに、見てくれた人だけ損させた気分になっちゃって。

天童　すごい話。

井内　ファンの延長で予想していたら、お金第一になっちゃう。それだと僕は無理だし、〝予想家〟として仕事をしていきたいので。

どれだけ人気馬でも◎の複勝は必ず買う

天童　ちなみに、井内さんは他の人の予想は見ます？

井内　ほとんど見ないですね。『競馬コンシェルジュ』も、自分が出ていないときの『競馬予想ＴＶ』も見たことないです。でも、それは見ないようにしているわけじゃなくて、金曜、土曜は本当に時間が足りない。そこでテレビを見るんだったら、自分の予想の精度を上げたいと思っちゃうんです。準備していても、開幕週の枠順だったり天候だったりで、ギリギリまで見ていたい。

天童　そのモチベーションで全場全レースを予想するんですから、ものすごく忙しいですよね。私には無理だ。

井内　その代わり資金配分に、まったく時間はかけてないです。（競馬予想ＴＶで共演の）小林弘明さんは真剣に時間をかけて考えられているので、丸乗りするなら小林さんのような予想家さんのほうをオススメします。僕の場合、3連単で大きいのとか回収率とか、そこまで気にしていなくて、本命の複勝率

40%が目標。僕の予想って、どれだけ人気馬でも◎の複勝は必ず買うんです。それには理由があって、そうすると〝◎の複勝率＝的中率〟になって、分かりやすいからそうしているんです。

天童　なるほど。だからこそ、井内さんの予想と言うのは、印や見解を参考に読むというのがベストなんですね。

井内　自分の馬券の収支はどっちでも良いんです。仕事にもなっていますが、初心者の方に楽しんでもらいたいし、競馬ファンには盛り上がってもらいたい。そのために4割くらいは、興奮できる場所に狙った馬が走っていてほしい。当たらないと楽しくないし、ファンは離れていきますから。それは使命感としてあります。

調教予想家は3人しかいない!?

天童　今日は、すごい良い話をイッパイいただいた気がします。最近、一緒のイベントができていないので、またぜひしたいですね。

井内　辻三蔵が、これを読むと悔しがるので、3人でイベントしましょうか。先日も「調教予想家は3人しかいないけど、そのトップは僕です」と言っていましたから。でも、実際イベントすると弱気になっちゃうんだけど(笑)。

天童　ありがとうございました!

自分の馬券の収支はどっちでも良いんです

——井内利彰

みなさんは、なにか目標を持っていますか？？

私はありません。いえ、正確に言うとあったのですが持たないようにしています。

幸運にも早速20歳から競馬のお仕事に携わることができました。それに伴って、目標をたくさん作りノートに書いては、その目標に向かってイメージをしてきました。

もちろんトントン拍子とはいきませんでしたが、当時のノートを見返すと、有り難いことに昨年には大半を達成することができていました。

目標が叶った時は「これが本当に胸が震えるってことか!!」と踊るほどうれしかったです。しかし、すぐに私を待っていたのは達成感のある充実した日々ではなく、全てを失ってしまったような絶望感でした。

こんなことを言うと嫌味に聞こえるかもしれませんが、正直、２０１８年のほとんどを苦しんで過ごしていました。目標が叶ったの

おわりに

にも関わらずです。辛うじて足元だけが見える真っ暗な中に立たされたようでした。

次はどこに向かい何をしたら良いのかが全く分からなくなってしまい、急いで次の目標を立てようとすると心が苦しくなって時間だけが過ぎ、焦ります。

頭の中が常にそのことばかりを考えてしまう苦しい時期が続き、両親や友人、スタッフさんにと、たくさんの方にも相談に乗っていただきました。

そしてやっと、今まで自分は目標のためだけに生きていたこと、昔のように純粋に競馬そのものを楽しめていないことに気がつきました。

「今、楽しいと感じることをする」

目標のために生きるのはもうやめて、今楽しむことの連続が、結果的に自分なんかが思いもしない本当の意味でうれしいことに繋がるんだと信じ、今までの考えを手放しました。

そして、今、この本を書いています。

本が大好きな私にとって自分の本を出せるなんて想像もしていませんでしたし、しかも競馬について伝えることができる…。

今この瞬間は目標ではなく、夢のようです。

そんな一喜一憂の面倒くさい私に関わってくださるファンの皆さん、両親、友人、スタッフの方々、そして居場所をくれた競馬に心から感謝いたします。

Profile

天童なこ

愛知県出身。1992年12月10日生まれ。兄が騎手を目指していたことがきっかけで競馬を好きになる。「調教ハンター」として二十歳を機に公式ブログにて予想を開始。現在では月間150万アクセスを記録しアメブロランキング部門1位。関西テレビ『うまンchu♡』など、さまざまなメディア、イベントで活躍中。

天童なこ公式ブログ
https://ameblo.jp/nakochinmania/

天童なこ公式twitter
@tendonako

天童なこの調教ハンター論
てんなこってどんなこ!!

著者　天童なこ

発行日　2019年6月5日　初版第一刷発行

発行者　塚原浩和

発行所　株式会社ベストセラーズ
〒171-0021
東京都豊島区西池袋5-26-19
陸王西池袋ビル 4階
03-5926-5322（営業）
03-5926-6262（編集）
http://www.kk-bestsellers.com/

デザイン　スパロウ・戸澤徹

印刷所　錦明印刷
製本所　積信堂
DTP　スパロウ

ISBN978-4-584-13920-2 C0075

Present

『天童なこの調教ハンター論　てんなこってどんなこ!!』

発売記念プレゼント

本書をご購入いただいた方に、天童なこの
アクリルフィギュアスタンド（非売品）を抽選で **500** 名様へ。
なお、A賞・B賞は選べませんのでご了承ください。

A賞

［仕様］
天童なこ本人の
身長約1/20スケール
カラー片面印刷
素材:透明アクリル3mm使用
自立用台座1個封入

B賞

A賞・B賞にはずれた方を対象にC賞のチャンス！

p128をごらんください。

Present

『天童なこの調教ハンター論　てんなこってどんなこ!!』

発売記念プレゼント

A賞・B賞にはずれた方を対象にさらに**500**名様へ。

C賞 未公開生写真1枚
(当たり直筆サイン付き)

※写真はイメージです。

応募方法

郵便はがきに右下の応募券を貼り、住所・氏名・年齢・職業を明記のうえ、下記の宛先までお送りください。なお、当選者の発表は発送を持って代えさせていただきます。なお、A賞・B賞は選べませんのでご了承ください。

宛先

〒171-0021
東京都豊島区西池袋5-26-19 陸王西池袋ビル4階
KKベストセラーズ
天童なこ書籍・読者プレゼント係

キリトリセン
天童なこの調教ハンター論
プレゼント
応募券